STOPPT DIE WELT,

ich will aussteigen!

Kuriose Abenteuer einer Weltreise.
(Arschtritt inklusive)

Martin Krengel

N
W
O
S

STOPPT DIE WELT!

Alltag. Stress. Hektik. 45 neue E-Mails, 8 Anrufe, 23 unerledigte Aufgaben. Manchmal spüren wir sehr deutlich, dass sich die Welt um uns herum rasend schnell dreht.* **Wer will nicht mal eine Zeit lang abschalten, abtauchen, weg sein?**

Mir ging's jedenfalls so. Deswegen habe ich nach arbeitsreichen Jahren die **Stop-Taste** gedrückt und meinen großen Traum einer Weltreise verwirklicht.

Klar gibt es tausende tolle Orte zu entdecken. Ich besuchte einen Mix aus bekannten Zielen und sehr kuriosen, abgelegenden Orten. Doch **wichtiger als das „Wohin" einer Reise, ist das „Warum".** Ich wollte neben (m)einem Anti-Zeitmanagement-Programm mit verschiedenen Lebens- und Arbeitsformen experimentieren und verordnete mir z.B. eine „Digital Detox Diät" in der Südsee und reiste darauf – als Kontrast – als digitaler Nomade durch Südamerika. Ich fragte mich, wie es wohl wäre, komplett abzuhauen und z.B. in Australien, New York oder gar der Südsee zu leben. Ist das wirklich so reizvoll?

Es lohnt sich in jedem Fall, seine Grenzen zu testen. Besonders Reisen ist ein **Persönlichkeits-Beschleuniger.** Das wahre Ziel des unterwegs-seins sind nicht die abgehakten Sehenswürdigkeiten, sondern die Gedanken und Einstellungen in deinem Kopf, die sich wandeln. Ich möchte nachfühlbar machen, **wie sehr eine Reise dich packt, deine Gedanken massiert, dein Herz erwärmt, dich fordert, fördert, verändert.**

* Durch die Rotation um die eigene Achse dreht sich unsere Erde in der Tat verdammt schnell: Mit ca. 1.230 Kilometer pro Stunde an der Erdoberfläche!

Aber wenn es so einfach wäre, seine Wünsche wahrzumachen, dann wären wir alle glücklich. Ich brauchte 9 Jahre, um meine Reisepläne umzusetzen. Und auch währenddessen ist es nicht immer leicht. Beim längeren Reisen steckst du in einem Gefühlsmarathon: Ängste, Ungewissheit, Heimweh, Kulturschock, Frust. In einigen Ländern wirst du angeschaut wie ein Meerschwein auf dem Mars, in anderen vielleicht ausgeraubt. Das geht an die Substanz, nagt am Reisewillen und kann auch mal richtig sch... doof sein. Es heißt nicht umsonst Reise**fieber** oder Fern**weh**!

Auch deswegen habe ich dieses Buch geschrieben – nicht nur um dir zu zeigen, wie toll eine Weltreise sein kann, sondern auch als eine Art **Impfung**, mit der Reiseglühwürmchen ihre Erlebnisse vor, während und nach einer Reise besser einordnen können.

Daher will mein Buch keine Landkarte sein, sondern ein **Kompass**. Einen solchen vermisste ich auf meiner Reise – ich brauchte kein „Tschaka-alles-ist-toll-Buch", sondern eine authentische Schilderung der Höhen und Tiefen, der Probleme und Widerstände des Reisens. Reise, lebe, leide mit mir! Ich will zeigen, wie es sich anfühlt, länger unterwegs zu sein, alle Sicherheiten loszulassen und **das Leben zu leben, das man wirklich leben möchte.** Freu dich darauf, was es mit dir macht, wenn du dir deinen eigenen Traum erfüllst.

Bewege dich, wenn dich im Inneren etwas bewegt!

Martin Krengel
Rio de Janeiro, April 2015

20 Länder

375 Tage

35.164 Fotos

55.342 Wörter Reisebericht

*bibber

-21°C kältester Ort

36°C wärmster Ort

*schwitz!

-30M tiefster Ort

4.925m höchster Ort

76.374,23 Reisekilometer (grob geschätzt)

1 (fast) totes Sparschwein

REISEN ERÖFFNET DIR

viele neue Perspektiven …

Tonga

Thailand

Bolivien

Neuseeland

Osterinsel

Galapagos

Australien

Mexico

Tahiti

Kolumbien

Peru

Titicaca-See

Rio

Überall

An an den verschiedensten Orten gewinnst du

TIERISCH GUTE FREUNDE

Am Strand

Auf der Straße

Im Amazonas-Gebiet

In der Sprachschule

In den Anden

Im Dschungel

… und ERLEBST die kuriosesten Dinge.

Du kannst im modernsten Fitness-Center Tongas trainieren …

… in vielfältigen Supermärkten in der Südsee einkaufen …

… in stilvollen Hotels übernachten

… den Sinn des Lebens herausfinden …

Natürlich kannst du dich auch volllaufen lassen an der kleinsten Tankstelle der Welt

… und dich danach in der Wüste auskatern.

... dich auf der glücklichsten Toilette dieser Welt inspirieren lassen ...

... im angesagtesten Club der Galapagos-Inseln feiern ... (wer geht heute noch ins Berghain?)

... mit dem optimistisch-lebensbejahenden Geld dieser Erde bezahlen ...

... und an „coolen" Open-Air-Billardtischen (- 15 °C) zocken.

Du könntest dich auch zur Abwechslung mal von einem Delfin verprügeln lassen ...

... oder mit deinen Surf-Buddys richtig die Sau rauslassen.

START

Reisen bewegt. Beine und Kopf. 16

WILD, WILD, EAST

Mongolei
Rappende Pferde im Rückspiegel. 24

China
Kulturschock in XXL. 52

Bangkok
Prostata trifft Prokrastination. 70

AM ENDE DER WELT

Australien
Ausreisen, ausreißen, abhauen? 82

Fiji
Burn? Out! Mein-Anti-Zeitmanagement. 104

Tonga
Gestrandet im Nirgendwo. 124

Neuseeland
Neudefinition von Weite. 152

Tahiti & Moorea
Digital Detox und endloses Staunen. 174

Rapa Nui
Wie ist Weihnachten auf der Osterinsel? 190

¿QUÉ PASA? SÜDAMERIKA

Buenos Aires
Neo-urbaner Raum zwischen Nostalgie und Chaos. 202

Brasilien
Sonne. Samba. Skorpione. 218

Kolumbien
R.A.F. und das perfekte Leben. 238

Ecuador
Meeresechse meets Meerschweinchen. 258

Peru
Wahlk(r)ampf: Wohin gehst du, wenn dir die Welt offen steht? 268

Bolivien
Warum sind Dinausaurier in der Salzwüste ein Kassenschlager? 286

TIEF IM WESTEN

New York
Was macht der Wurm im Big Apple? 306

London
Neblige Konfusion. 326

Berlin
Noch bin ich wieder da. 330

MACH DOCH!

Traue deinen Träumen. 340

START

Heimat-Kleister! Das Losreisen und Losreißen fiel mir schwer. Ich merkte: Gerade Dinge, die wir uns am meisten wünschen, machen uns oft die größte Angst. Deswegen braucht es manchmal ein paar kleine Anschubser …

REISEN BEWEGT.

Beine und Kopf.

Ich habe meine Doktorarbeit verteidigt. Endlich. Nun ist der perfekte Zeitpunkt zum Loslegen. Ich kann durchstarten! Die Karriereleiter erstürmen. Herausfordernde Aufgaben übernehmen, spannende Deals einleiten, komplexe Projekte steuern. Die Türen stehen offen. Ich muss nur eintreten.

Aber halt, stopp mal …
will ich das?

Der bloße Gedanke, von nun an 30 Jahre zu arbeiten, noch mehr Verpflichtungen einzugehen, einen Kredit zu schultern, um eine Wohnung zu kaufen – Uaaah! –, lässt die Nackenhaare senkrecht stehen. Das kann nicht alles sein! Tagein, tagaus zu ackern, unterbrochen von drei Wochen Jahresurlaub, scheint mir so attraktiv wie ein Schnitzel mit Leinöl.

Privat geht es mir gut. Ich wohne mitten in Berlin, habe eine intelligente Freundin, und wenn ich etwas Abwechslung wünsche, finde ich im Freundeskreis inspirierende Gespräche. Dennoch: Da ist diese Unruhe. Ein Mit-den-Hufen-Scharren. **Neugier.** Neugier auf neue Orte, Menschen, Lebensweisen. Neugier auf unentdeckte Seiten an mir, auf innere Grenzen, die erkundet und überschritten werden wollen.

Ich erinnere mich: **Ich habe einen Traum.**

Einmal komplett frei sein.
Um die Welt reisen. 100 Prozent ich sein.

Es geht mir nicht so sehr um die Weltreise an sich. Vielmehr um den Luxus, morgens aufzustehen und nicht zu wissen, ob ich nach Norden, Süden, Osten, Westen, nach oben oder unten weiterziehe oder ob ich die Augen zumache und einfach liegen bleibe. Einfach mal so den Tag verdösen. Nichts tun.

Ohne schlechtes Gewissen.

Geht das? Für mich als Zeitmanagement-Menschen? Für jemanden, der lange Zeit jede Minute seines Tages sinnvoll nutzen wollte? Für jemanden, der mit Jahres-, Wochen- und Tagesplänen arbeitet?

Das wäre schon eine Herausforderung. Ich habe gelernt, Ziele zu setzen und Wege zu finden, diese zu erreichen. Ich kann effizient arbeiten, Projekte vorantreiben und Ergebnisse bringen.

Doch kann ich das alles auch mal loslassen?

MEIN ZIEL: KEIN ZIEL.

Du bringst immer etwas von einer Reise mit: Souvenirs. Fotos. Erinnerungen. Doch Sehenswürdigkeiten sind nebensächlich. Mit 18 habe ich mal zwei Wochen einen Film über eine Englandreise erstellt und mit viel **ZDF** (Zahlen, Daten, Fakten) angereichert. Den Film? Habe ich nie wieder angesehen. Die Fakten? Alle vergessen. Alle! Ich kann mich nicht mal an die Orte erinnern. Daher finde ich es schöner, etwas auf die Reise mitzunehmen, an dem man sich entlanghangeln kann. Eine Mission, einen geheimen Wunsch. Ein persönliches Ziel.

Ich habe in den letzten Jahren intensiv gearbeitet, neben meiner Doktorarbeit Seminare und Vorträge in ganz Deutschland gegeben, dazu vier Bücher geschrieben, selbst vermarktet und in die Bestseller-Listen gebracht. **Tempo, Spannung, Effizienz.** Zu all dem soll meine Reise ein Kontrast sein. Die Flügel mal ruhen lassen. Nicht mehr tagein, tagaus wild losflattern. Ruhe. Ich beschließe ein Experiment: Ich starte ohne Masterplan. Ohne Ziel. Nur mit einer groben Richtung: Um die Welt reisen, so viel Spaß wie möglich haben, nur das machen, worauf ich wirklich Lust habe.

Das Leben maximal genießen und **keine fixen Ziele** haben. Einfach ich sein. Und schauen was dabei passiert.

DER A-A-AUFBRUCH STOCKT

So attraktiv ein Traum erscheinen mag, so sehr scheuen wir uns manchmal, die ersten Schritte auf diesen zuzugehen. Denn das größte Hindernis auf dem Weg zu dem, was wir erreichen wollen, sind nicht die fehlenden Ressourcen, ein Mangel an Möglichkeiten oder die widrigen Umstände, sondern wir selbst. Ich erlebe das in der Vorbereitungszeit sehr intensiv. Was gerade in meinem Hirn abgeht, ist Terror. Der **Teufel** sitzt links auf meiner Schulter, der **(Kr)Engel** rechts, und der **Innere Schweinehund** redet auch noch dazwischen:

Es ist so schön hier …

aber noch schöner in der Südsee.

Du kannst jetzt so richtig durchstarten und Karriere machen!

Wozu? Endlich mal nichts tun, das wäre doch cool!

Hinzu gesellen sich Bedenken, Zweifel und Ängste zu meinen Reiseplänen:

Reicht das Geld?

Killt die Entfernung meine Beziehung?

Wird ein lieber Mensch sterben, während ich weg bin?

Werden die Zwischenmieter meine Wohnung ohne Waffengewalt wieder räumen?

Und natürlich gibt es auch äußere Widerständen, Bedenken, Bremser:

**„Muss das jetzt wirklich sein?!
Willst du nicht lieber Kinder kriegen
und Geld verdienen?"**

Wie wir auf Sicherheit getrimmten Menschenaffen halt so ticken. Unser Hirn liebt's **GROB: G**ewohnheit, **R**egeln, **O**rdnung, **B**erechenbarkeit. - - - Veränderung? Neues versuchen und verarbeiten? Dafür bräuchte es ja Energie und Durchhaltevermögen. „Pfui", sagt der Teufel, mit den Schweinehundohren.

DER WEG IST NICHT DAS ZIEL!

Sofern jemand eine Reise tut, kann er was erzählen. Wir können uns jahrelang in Träumen verheddern. Aber die Kunst des Reisens ist nicht das Planen, sondern das Tun. **Nicht der Weg ist das wichtigste Ziel einer Reise, sondern der Start!** Sonst gibt es keine Reise, kein Abenteuer, keine Veränderung. Aber mir fällt es sehr schwer, loszulassen. Wie soll ich es anpacken, meinen Traum er-leben? Manchmal braucht es ein wenig Start-Energie, kleine Arschtritte. Zum Glück habe ich vorher ein schlaues Buch über Motivation geschrieben. Deswegen wende ich kleine Anschub-Tricks an:

1. Ich mache mir klar, was Zögern bedeutet. Wir sehen sofort mögliche Hindernisse und Einwände, noch bevor wir etwas Neues starten. Was wir uns selten vor Augen führen, sind die negativen Konsequenzen, wenn wir es gar nicht erst versuchen! Ich realisiere, dass jedes weitere Vertagen der Reise diese um Jahre aufschieben könnte. Mit 33 wird es allmählich Zeit für Kiddys – der Storch macht sich schon warm für den Flug. Ich will ja auch Verantwortung übernehmen. Aber gerade deswegen ist es JETZT höchste Eisenbahn, in dieselbe zu steigen!

2. Ich erzähle meiner Familie und Freunden, dass ich bald auf Weltreise gehe (selbst wenn ich selbst noch nicht so richtig daran glaube). Ein Rückzieher bedeutet Gesichtsverlust. Und der steht keinem gut (und ist außerdem extrem unpraktisch, so ohne Augen und Nase).

3. Wenn-Dann-Formel: Ich knüpfe meine Abreise an ein mit Sicherheit eintretendes Ereignis: **Wenn** ich meinen Doktor in der Tasche habe, **dann** geht's los. Somit gibt es keine Ausreden mehr, der Zeitpunkt ist festgelegt.

4. Ich befreie mich von Hindernissen und werfe so viel Ballast ab wie möglich: Möbel, Klamotten, Bücher. Damit wird mir das Losfahren leichter fallen. Zudem digitalisiere ich wichtige Dokumente und Daten, damit ich alles als Backup dabei habe.

5. Ich mache kleine Schritte. Ich teile meine To-dos zur Reisevorbereitung ein in kurz-, mittel- und langfristig. Immer hübsch einen Schritt nach dem anderen sehen und gehen, statt sich kirre machen zu lassen.

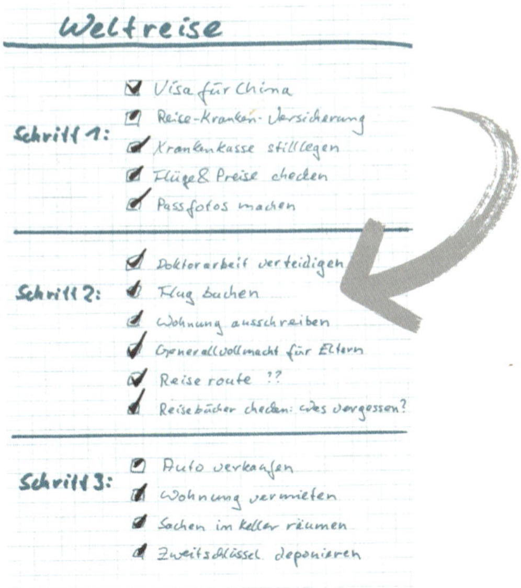

Meine To-do-Liste für die Weltreise passte letztendlich auf eine A5-Seite.

6. Ich verbaue mir die Rückzugs-Schlupflöcher. Um den Siegeswillen anzuheizen, verbrannten Eroberer ihre Schiffe, sobald ihre kriegerische Mannschaft am Ufer des zu erobernden Landes angekommen war. Für mich heißt das: Mein Leben in Berlin unbequem machen. Ich verkaufe mein Auto, kann daher nicht mehr so leicht zum Training. Ich vermiete meine Wohnung. Nun habe ich bald kein Dach mehr über dem Kopf ...

Sechs **Ninja-Motivations-Tricks**, mit denen ich mir eine Einbahnstraße gebaut habe. Da muss ich nun durch!

Was ich gelernt habe:

1. *Auch unsere Ziele und Träume können uns Angst machen.*

2. *Wir müssen lernen, unsere archaischen Emotionsmuster auszutricksen.*

Montag buche ich den Flug. Donnerstag sitze ich im Flieger. Ich kann es kaum fassen: **Es geht tatsächlich los!**

Mongolei
China
Bangkok

WILD WILD EAST

Beijing und Bangkok kannte ich bereits, in der Mongolei fand ich viele Erinnerungen an meine Kindheit. Insofern war für mich die Reise nach Fernost ein wenig wie ein Zurückspulen in die Vergangenheit. Das macht es nicht unspannender, denn der Osten rockt!

MONGOLEI

Rappende Pferde im Rückspiegel.

Mein Hinflug ist entspannt, ich habe viel Platz. Kein Tourist ist zu sehen. Niemand will im November in die Steppe. Nur einen Westler treffe ich. Raimund ist 40 und sieht aus wie eine Mischung aus Wolfgang Petry und Udo Jürgens. Als Tiefbau-Ingenieur soll er mit dem Bürgermeister der mongolischen Hauptstadt Ulan-Bator ein Erdwärme-Projekt besprechen. Ich verstehe von Physik so viel wie von Frauen, daher klingt es für mich komisch, dass man in der **kältesten Hauptstadt der Welt** Erdwärme nutzen will.

Warum ich ausgerechnet in die Mongolei will? Weil es eine unbekannte Welt ist. Weil ich als Ex-Ossi schon immer in den Ostblock wollte. Und weil es eine pragmatische Lösung ist: Die Mongolei hat im Vergleich zu meiner Startalternative Russland vor einem Monat die Visapflicht gestrichen.

WER HAT DIE HEIZUNG AUSGESTELLT?

Angekommen. Sechs Uhr morgens stehe ich durchgeschüttelt, wachgerüttelt, mit verquollenen Maulwurfsaugen vor der Glastür des Flughafens von Ulan-Bator – hinter ihr wartet die neue Freiheit. Das Abenteuer. Ich zögere – draußen sind es minus 18 Grad. Ein kleiner Schritt für die Menschheit, ein großer für Martin.

Augen zu und auf ins Ungewisse!

Nach dem ersten Kälteschock betrete ich das Ramada-Hotel. Ich habe extra eine etwas bessere Unterkunft gebucht – aus Angst, in einer Low-Budget-Bude zu erfrieren. Die Rechnung geht auf: Hier ist es warm, kuschelig und das Permanent-Autogehupe im Permafrost erreicht meine 13. Etage nur gedämpft.

Ich fühle mich etwas schuldig, im luxuriösen Hotel abzusteigen. Doch es ist mein Sicherheitsabstand zur Armut, zur Ungewissheit, zur Reise – zu meinem neuen Leben als Backpacker.

Eigentlich soll man wach bleiben, um den Jetlag zu minimieren. Das habe ich einmal versucht und mir ging es hundeelend. Lieber entspannt eindösen und dafür in der Nacht etwas munterer sein. **„Je mehr es hupt, desto entspannter werde ich“,** spreche ich mir immer wieder vor (ein Hypnose-Trick). Diese Affirmation wirkt, schon bin ich für die nächsten acht Stunden weggenickt.

Es ist 16 Uhr. Ich traue mich das erste Mal aus dem Haus. Es. ist. bitter. kalt. ❄☹☠❄✞⚡ brrrrr! Wenn du deinen Kopf **für eine Stunde ins Tiefkühlfach** hältst, hast du ungefähr das Gefühl, das ich nun bei sonnigen -15 °C am ganzen Körper spüre.

MEDITATIONS-MANTREN

Da ich nichts vom **Reiseführer-Checklisten-Abhaken** halte, streune ich umher. Ich laufe die erste nett aussehende Straße,bergauf – eine kahle, frostige Allee, Menschen in dicken Jacken und Mönche in Kutten kommen mir entgegen.

Ich lande in einem der bedeutendsten **buddhistischen Klöster der Mongolei.** Dessen Innenhof sieht ein wenig aus wie bei Reifen-Schmidt in Oberursel. Ein wellig-staubiger Boden. Ein verfallenes Eingangshäuschen.

Es ist 17 Uhr, alle Heiligtümer sind schon verrammelt. Nur eine Baracke scheint belebt. Eine seltsame Melodie dringt nach draußen. Sie zieht mich magisch ins Innere. Hier erwartet mich ein goldener Buddha, der auf einer Leinwand vis-à-vis schaut, auf der Gebetstexte in einer Powerpoint-Präsentation abgespielt werden. Ulkig. Zur Linken und Rechten sitzen Mönche, wie auf einer Perlenkette aufgereiht. Sie sind in orange-rote Kutten gehüllt und tragen seltsame Zipfelmützen. Im Sprechgesang summen sie Mantras und klappern dazu mit einer Trommelrassel. Die Szene wirkt surreal, fast unheimlich.

Die Zeremonie endet. Eine gekrümmte ältere Frau reicht einen Blechtrog und Plastikbecher. Das kommt mir gelegen, mein Magen knurrt – ich habe nur ein tiefgefrorenes Snickers vom Straßenhändler gefrühstückt. Was das wohl für ein **Zaubertrank** ist? Es ist nicht das Blut Jesus Christi, sondern gegorene Yakmilch. Ich verkneife mir die Frage, ob es die auch **laktosefrei** gibt ... Das schmeckt – mmh, überleg, auf der Zunge schwenkend – gar nicht so schlecht. Nur ein Schuss Espresso fehlt noch.

Das Treiben löst sich auf. Einige verschwinden umgehend, andere trotten gemächlich davon. Zwei jüngere, gut Yakmilch-genährte **Mönche checken Facebook** auf ihrem Handy: Was sie bloß posten? Vielleicht:

„Heute beim Singen eingeschlafen."
(0 Likes)

„Krasse Gebetssession!"
(3 Likes)

„Der Typ vor mir hat heute schon wieder einen fahren lassen."
(8 Likes + 1 böser Kommentar – vom Typen davor).

KONFUSIOS UND ASIEN

Zweiter Tag. Viel zu früh stehe ich gespannt in meinen tiefgefrorenen Turnschuhen auf der Straße. Ich warte. 20 Minuten, 30, 60. Der Fahrer kommt nicht.

Was ist passiert? – Tags zuvor hatte ich versucht, eine Tour in die Steppe zu organisieren. Per Mail war alles mit einer lokalen Agentur abgesprochen. Dann sollte ich persönlich im Büro bezahlen. Als ich dort vorbeischaue, ist der Laden dicht. Ratlos stehe ich in der Gegend rum. Dann erfahre ich von zwei Angestellten im benachbarten Stoffgeschäft, dass die

Reiseagentur in ein anderes Einkaufscenter umgezogen sei. „Danke, das ist sehr hilfreich!" Doch auch in der „Peace Mall" weit und breit keine Spur von einem Reisebüro, nur viele leer stehende Geschäfte. Das ist Asien: **Frage zwei Leute nach Rat und du bekommst drei verschiedene Antworten.** Wer Flexibilität lernen will, der sollte nach Asien reisen.

Ich denke oft in Szenarien und „Was-wäre-Wenns". Diese Unentschlossenheit empfinde ich bei uns im Westen als eine Schwäche. Hier im chaotischen Osten entpuppt sich das nun als eine Stärke, denn ich habe längst einen Plan B geschmiedet: Sightseeing in Ulan-Bator!

Ich springe in das nächste Taxi. Tsago, der Fahrer, erzählt mir bei der Fahrt seine Lebensgeschichte. Vor 28 Jahren geboren, war nie im Ausland. Sein großer Lebenstraum: Schweißer. Er hat zwei Kinder, seine Frau ist Kindergärtnerin. In der dritten Klasse haben sie sich kennengelernt. Seit sechs Jahren sind sie verheiratet.

Zunächst fahren wir zu einem Sowjet-Kriegsdenkmal. Es bietet einen atemberaubenden Blick auf die Stadt. Dann kommen wir an einem Eisenbahn-Friedhof vorbei, inklusive lustigen Loks mit aufgemalten Gesichtern oder Russensternen. Wenige Meter weiter trennt eine alte Mauer den Schrottplatz von der Straße. Vollgesprüht mit coolen Graffitis und Street-Art erinnert die Mauer an die Berliner East Side Gallery. Warum hat mir niemand gesagt, dass es hier so Sehenswertes gibt? Die interessantesten Ecken stehen leider oft nicht im Reiseführer! Deswegen liebe ich es, mich in einer Stadt treiben zu lassen, und mich bewusst zu verirren.

Tsago zeigt mir seine Englisch-Vokabel-Karten, die er im Stau lernt, um sich für den internationalen Tourismus zu wappnen.

BAUFÄLLIGER FEIERABEND

Ich lasse mich vorm „National History Museum" absetzen, wo Saurier-Skelette auf mich warten. Denn dort wo jetzt öde, mongolische Steppe ist, herrschte zu Urzeiten pulsierendes Leben, das **New York der Vorzeitechsen**. Freudig-erwartungsvoll schreite ich die Treppen zum Museum hinauf, doch an der verschlossenen Tür steht:

> **„Das Museum ist wegen Baufälligkeit auf unbestimmte Zeit geschlossen."**

Nur noch einmal zum Mitschreiben: Es ist das Nationalmuseum!

Ich seufze und laufe weiter. Vorbei am mongolischen Parlament – das Gelände davor erinnert an einen Wildkräutergarten. Mein nächstes Ziel ist das zweite Nationalmuseum. Es ist bereits geschlossen. **Zonk!** Um 14:30 Uhr? – Moment, die offizielle Schließzeit ist doch erst 17:30 Uhr? Als ein Japaner herauskommt, stelle ich den Fuß in die Tür und frage den Wärter, der sich drinnen verschanzt hat: „Kann ich rein?" Der gestikuliert verärgert, zeigt auf ein mongolisches Schild, auf dem angeblich steht, dass heute – weil Feiertag – geschlossen ist. Feiertag? – Laut englischer Übersetzung neben dem Schild hat das Museum nur an zwei Tagen geschlossen. Heute ist keiner davon. Die Wärter haben keine Lust mehr! **Drei Stunden vor Feierabend?**

Für welches Produkt uns diese für mongolische Verhältnisse bemerkenswert gestaltete Werbung begeistern möchte, wird wohl für immer „Lost in Translation" bleiben.

ARCHITEKTUR MIT MINDERWERTIGKEITSKOMPLEXEN

Mein Sightseeing-Plan ist wegen Baufälligkeit und Spontanstreiks hinfällig! Perplex-orientierungslos streune ich über den großen Dschingis-Khan-Platz. Sozialistische Plätze sind extrem weitläufig. Die Gebäude sind derart **pompös, symmetrisch und detaillos,** dass man sich sehr klein und unwichtig auf diesen Plätzen fühlt.

Es gibt zwei Gebäude auf diesem Platz, die im Vergleich zu den anderen Bauwerken (Nationaltheater, Parlament, Börse, Postamt, Hotels) winzig wie zwei Stubenfliegen in einer Elefantenherde und dementsprechend interessant wirken. Das eine ist ein Open-Air-Coffeeshop, bei dem niemand Kaffee kauft. (Wer will schon bei Minus 15 Grad den Brühvorgang abwarten?) Das andere ist ein nostalgisch-hölzernes Mini-Häuschen. Es scheint das älteste und ansehnlichste Gebäude hier zu sein. Neugierig nähere ich mich ihm und finde: ein übel riechendes Klo.

Die Stadt ist komplett erkundet – nach vier Stunden. Ich finde ein gemütliches Café, ganz nach meinem Geschmack: mit leckerem Kuchen und bequemen Sesseln. In einen solchen lasse ich mich fallen und blicke auf ein Bücherregal. Darin entdecke ich neben mongolischen Gebetsbüchern das Büchlein „What I wish I knew with 20", das ich jedem empfehle, der mit 30 noch zögert, ob er sich selbstständig machen soll.

Ich werde abgelenkt von einer Kellnerin mit unschuldig-jungen Pausbäckchen. Sie lernt am Nachbartisch zwischendurch für ihre Klausur in „Personalmanagement". Tschalom – das ist keine olympische Disziplin, sondern ihr Name – zeigt mir ihr mongolisches Lehrbuch: eine **schwarzweiße Buchstabenwüste.** Die mathematischen Formeln darin erinnern mich an „Mikroökonomie 1" (*gähn) und daran, wie lernunfreundlich die meisten Lehrbücher dieser Welt geschrieben sind. Tschaloms großer Traum ist es, nächstes Jahr wie ihre Schwester ihren Master in Los Angeles zu machen. Jedoch hat sie in den letzten zwei Stunden lediglich drei Seiten des Buches gelesen und nichts markiert. Morgen ist bereits die Klausur. Ob das für die Aufnahmeprüfung in L. A. reichen wird?

Unser Gespräch zieht einen älteren Mongolen an, der sich als **„Oberstleutnant Ogur"** vorstellt. Ogur? Das klingt wie „Ogar" – und in der Tat erinnert seine kräftige Statur ein wenig an „Shrek". Er erzählt voller Passion, dass 100 Mongolen gemeinsam mit der deutschen Armee in Afghanistan ihren Dienst stehen. Dass sein General in Hamburg an der Bundeswehrakademie studiert hat. Schließlich fragt er, ob ich gedient habe? Ich bejahe. Er nickt zufrieden und verschwindet wortlos in der Ecke.

Kontraste: Ein Land im Wandel. Die drei Jurten unten links scheinen vom Neubau-Pallast bedroht zu werden. Da ist klar, dass der Riesen-Gold-Buddha dem Problem den Rücken zudreht ...

STADTMARKETING ODER BULLSHIT-BINGO?

Im Café liegt auch eine Broschüre der Touristen-Behörde aus. Darin heißt es:

> **„Ulan Bator ist eine der urbanisiertesten Gegenden der Welt und die Mongolei ist in der Mitte der Weltgeschichte."**

Das ist natürlich Bullshit. Dafür ein umso besseres Beispiel für schlechtes Stadtmarketing. Die Superlative und das Marketing-Bla-Bla sind durchschaubar und unwirklich. Sie rufen bestenfalls ein belustigtes Kopfschütteln hervor, wenn sie nicht einfach nur nerven. Die Wahrheit ist: **Ulan Bator ist die kälteste Hauptstadt der Welt. Wahrscheinlich auch die hässlichste. Genau das macht sie so faszinierend.**

Die Stadt wurde lange zwischen Sowjets und Chinesen hin- und hergeschubst bis sie schließlich in der Bedeutungslosigkeit versank. Nun taucht sie langsam auf, ein scheußlicher Wolkenkratzer versucht den anderen zu übertrumpfen. Zahlreiche Shoppingmalls schillern elegant von außen und darben halbleer von innen trostlos dahin.

Während ich durch die Straßen schlendere, umnebelt mich Faszination gerade dort, wo andere Touristen bereits aufgegeben hätten. Diese einfallslose, karge, monolithische Bauweise. Billige Geschäfte mit fad-grauen Waren. Betonklötze. Einfallslos irgendwo wo gerade Platz ist hingestellt. **Ulan Bator: ein einziges Berlin-Marzahn!** Genau das ruft seltsame schlummernde Heimatgefühle in mir wach. Ich bin 10 Jahre lang in der DDR aufgewachsen. Dies hier sind Bilder unserer damaligen russischen Leitkultur, die ich in meiner Jungpionierzeit eingeflößt bekam. Plötzlich bin ich wieder mitten drin. Und rieche etwas, das ich seit 24 Jahren nicht mehr einatmen musste: Dichter Kohlenstaub, der in der Luft liegt und sich in meinen Nasennebenhöhlen breitgemacht hat. In meiner Heimatstadt gab es einige Fabriken, die schwarze Kohledampfwolken durch riesige

Schornsteine gen Himmel stießen. Wenn ich von der Schule nach Hause kam, war nicht X-Box, sondern Terrasse fegen angesagt. Jeden Tag wartete aufs Neue eine dicke Kohledreckschicht auf mich.

HOTPOT

Ich sitze inzwischen in einem typischen mongolischen Restaurant und habe einen „Hotpot“ bestellt. Langsam füllt sich mein Tisch mit rohem Fleisch. Dann steht eine Art Camping-Kochset mit sprudelnd heißem Wasser vor mir. **Leider fehlt die Bedienungsanleitung.** Ich werfe einfach mal ein paar Happen in den Topf und schaue, was passiert ...

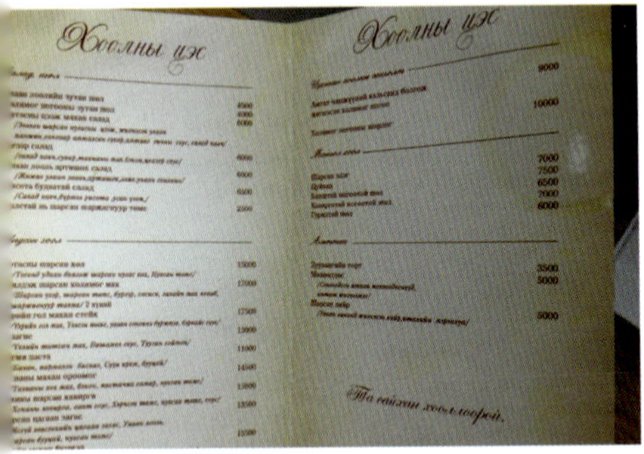

Ein Kellner beobachtet neugierig von der Seite, wie ich hilflos im Hotpot herumstochere, ein anderer checkt sein Handy, ein dritter popelt.

Glücksgefühle! Ich habe ein paar Brocken aus dem brodelnden Topf retten können. Die letzten zwei Tage habe ich in der Früh, mittags und abends nur Caesar Salad gegessen, weil es das Einzige war, was ich auf den kyrillisch geschriebenen Speisekarten entziffern konnte.

Müde verlasse ich das Restaurant, ziehe eisige Kohlenstaubluft durch meine Nasenhöhlen. Plötzlich spüre ich einen seltsamen Geschmack im Mund. Nach dem ganzen Fleischgenuss **fühlt es sich an, als hätte ich ein brünstiges Yak-Rind mit der Zunge geküsst.**

BEREIT FÜR DIE STEPPE!

Nach zwei Tagen bin ich vom Hotel in ein Backpacker-Hostel umgezogen. Es befindet sich im **schäbigen Hinterhaus** eines lieblosen sozialistischen

Plattenbaus. Ich laufe die drei Etagen durch ein unbeleuchtetes Treppenhaus hinauf, im zweiten Stock ist unübersehbar das Wort „Ficken" an die Wand gekritzelt (zur Aufmunterung für den Aufstieg?).

Trotz **Abfuck-Faktor** bereue ich mein „Downgrade" nicht. Das Ramada-Hotel vermittelte zwar anfänglich Sicherheit, erwies sich aber als zu abgelegen und unpraktisch. Mit dem Umzug ins Hostel habe ich 70 Prozent gespart und wohne nun mitten im Zentrum. Hier kann ich an der Rezeption problemlos eine günstige **3-Tages-Jeep-Tour** organisieren.

Ich bin bereit für die Steppe! Auch wenn es mir Unbehagen bereitet, dass ich an einen Ort fahre, den ich nicht bei Google Maps finden kann.

BULGAN AIMAG RASAANT SUM

Hunderte Pferde, Schafe, Ziegen, Kamele rauschen vorbei. Ab und an schrecken Habichte auf, die am Wegesrand lauern (oder weiß der Geier, was das für riesige Vögel sind). Tausende Wüstenmäuse, die sich eben entspannt auf dem Weg sonnten, springen panisch zur Seite und **retten ihre kleinen Mäuse-Ärsche** vor unseren heranpreschenden Reifen.

Tsönnar, der dreißigjährige kinder- und frauenlose Fahrer, hat nichts zu verlieren. Und fährt auch so. Raser sind ja nichts Ungewöhnliches. Doch er fährt **neben** der Straße. Ich glaube, er denkt, er hätte einen Jeep. Doch der Hyundai ist weder besonders gefedert noch ein Pferd, mit dem wir mühelos durch die Steppe reiten könnten. Ob ich ihm das vorsichtig sagen soll? Besser nicht, es könnte seinen **nomadisch-mongolischen Stolz** verletzen.

Einige Stunden und **918 Schlaglöcher später** biegt Tsönnar auf einen kaum erkennbaren, sandigen Feldweg ab.

Beunruhigend ist, dass

A. es gerade echt dunkel wird,

B. wir auf eine Felswand-Ecke zufahren, in der bis auf Kühe, Kamele und drei Jurten nichts zu sehen ist, und

C. ich gar nicht weiß, was ich für eine Übernachtung gebucht habe. (Ich war froh, in der Nebensaison überhaupt einen Trip zu finden.)

„Hier wären wir", sagt Tsönnar nüchtern. **Hab ich mich verhört?** Hoffentlich! Der Wagen stoppt, der Fahrer steigt aus. Ich bleibe sitzen und warte, ob er nur nach dem Weg fragt. Eine Minute. Zwei Minuten. Nichts passiert. * Schluck! Wir sind da.

Ich entknote meine von der Fahrt verknäuelte Wirbelsäule und tapse zum Wachwerden auf dem kargen Grasboden umher, wobei ich versuche den **Tretminen** (Ziegen- und Kamelkot) auszuweichen. Ich habe meine Kamera in der Hand, etwas Furcht im Kopf, Hunger im Magen und Kälte in den Füßen.

Dann bittet mich eine alte Frau in ihre Jurte. In die Jahre gekommene Holzmöbel, quietschbunt angemalt. Unzählige Fotos auf einem unpompösen, kaum sichtbaren Schrein. Hier im Jurtencamp **„Elsentasarhei – Bulgan aimag rasaant sum"** (viel Spaß bei der Aussprache) wohnt ein 75-jähriges Hirtenpärchen, das auf den Namen „Bor" hört. Während er noch die Rinder umhertreibt und mit den einzigen Nachbarn plauscht, brutzelt sie Undefinierbares in ihrem überdimensionierten Wok.

Als Vorspeise gibt es Stutenmilch und Kekse. Dazu einen klumpig gewordenen **Yakmilchbrocken.** Der riecht, als hätte man sich drei Wochen nicht die Zähne geputzt. Und schmeckt auch so. Ich zeige auf die Holztafel an der Wand, stelle eine scheinheilige Frage und lasse das Butterstückchen unbemerkt in meiner Jackentasche verschwinden.

DIE WIRBELSÄULE ALS ZEITVERTREIB

Später zaubert der Alte aus seiner linken Jackentasche ein seltsames Säckchen hervor. Heraus purzeln kleine Stücke, die aussehen wie Wirbelknochen einer Ziege. Oh Gott! **Es sind Wirbelsäulenknochen einer Ziege!** Und die nehmen wir nun als Spielzeug:

- Steht der Knochen waagerecht und hat einen Buckel, ist es ein **Pferd.**
- Ist die Kuhle unten, ist das ein **Kamel.**
- Liegt der Knochen auf der Seite und hat einen kleinen Buckel, macht es „mäh" und ist ein **Schaf.**
- Hat der liegende Knochen stattdessen eine Versenkung, bedeutet das **„Ziege".**

Aus diesen anatomischen Besonderheiten haben die Mongolen in der Kargheit der Steppe einige Spielchen entwickelt, z. B.:

Wegschnippen. Man wirft die Wirbelsäulenstückchen auf den Tisch und versucht durch Wegschnippen eines Knochenstück einen Zwilling zu treffen (z. B. ein Kamel berührt ein anderes Kamel). Gelingt es, darf man das Pärchen behalten.

Pferderennen. Einige Wirbelsäulenstücke werden zu einer Rennbahn aufgereiht. Die Spieler wählen ihre Spielfigur (Schaf, Ziege etc.). Wer ein „Pferd" würfelt, darf eins vorrücken, wer zwei Pferde würfelt, darf zwei vor.

Pokern. Jeder Spieler nimmt einen bis fünf Knochen in die Faust und streckt sie geschlossen aus. Nun muss jeder schätzen, wie viele Knochen es insgesamt sind. Dann öffnen alle ihre Fäuste. Wer die richtige Zahl erraten hat, bekommt sämtliche Steine der Runde.

Nach den Gesellschaftsspielen ist es Zeit für härtere Vergnügungsmittel. Aus seiner rechten Tasche zieht der Alte Schnupftabak. Ich nehme ein Mini-Mini-Löffelchen und ziehe mir das Pulver vorsichtig in die Nüstern. ... Plötzlich steht die Zeit still. Ein meditativer Augenblick! Dann wird mir heiß. Ich sehe Rot. Meine Augen drehen sich. Kurz ist es dunkel. Trockene Kehle. Husten. 🕸🕷🐀🗣💣☠ Tod. Teufel. Tränen.

Nur langsam kann ich wieder atmen. Meine Nase – sie ist so unglaublich frei! Klar. Freier als je zuvor. Der Kopf auch. Teufelszeug!

Nach vier Runden Prusten, Husten und Schnupfen trotten wir in die Gästejurte. Aus Ehrfurcht vor den angekündigten minus 17 Grad hatte ich gleich zwei Schlafsäcke eingepackt. Die Jurtenwand besteht aus Tierfell und einem festen Leinenstoff – solide, aber die Wärmespeicherung ist ge-

ring. **Die gute Nachricht:** Es steht ein Ofen in der Jurte. **Die schlechte:** Der brennt nur drei Stunden. Um drei Uhr nachts ist es empfindlich kalt. **Der Horror:** Jetzt „raus müssen" – der Donnerbalken mit Loch im Boden steht 30 Meter entfernt. – **Das Glück:** Die Hirtin heizt in der Nacht nach.
Das Mondlicht beleuchtet schwadenartig den Kohleofen und mein Bett. Wie romantisch! Leider habe ich niemanden zum Kuscheln dabei ...

Das bemerkt am Morgen auch der 75-jährige Hirte und will mich mit Baigal, seiner Enkelin, verkuppeln. Ich solle heute Nacht wiederkommen und mit ihr im selben Bett schlafen. Er packt mich, führt mich zu ihr. Hinter den 7 Bergen bei den 9 Kamelen werde ich **gezwungen, eine wildfremde Frau zu küssen!** Ich wehre mich – vergebens. Die Arme des Hirten sind stark. Ich entscheide mich für einen diplomatischen Kompromiss und küsse sie vorsichtig auf die Wange. Sie schmeckt überraschend angenehm. Nicht nach Yaklederhaut, sondern nach Nivea.

Der Hirte wollte, dass ich mit seiner Enkelin schlafe. Ich konnte ihn gerade so auf einen Kuss runterhandeln. (Sie scheint irgendwie nicht so begeistert.)

MUH! DAS ROM DER MONGOLEN

Weiter geht's. Gegen Mittag erreichen wir **die alte Hauptstadt der Mongolei, Karakorum.** Hier regierten die Berühmtheiten Dschingis Khan, Ugedai Khan und Kublai Khan (in etwa wie Bill Clinton, George Bush und Barack Obama, nur grimmiger dreinschauend). Diese berittenen Herrscher mit locker sitzendem Säbel planten von hier aus ihre Feldzüge. Mit Erfolg: Sie schufen das flächenmäßig größte Reich, das je existierte. Das mongolische Imperium reichte über ganz China bis nach Bulgarien und übertrumpfte sowohl das Osmanische als auch das Römische Reich bei Weitem.

Ich freue mich, dieses historische Fleckchen Erde kennenzulernen. Karakorum sei „eine große Stadt" sagt mein Fahrer. Und wo ist denn nun Karakorum?

„Dort drüben!"
Was? Das ist **eine Kuhweide!**

Karakorum heißt soviel wie „schwarze Berge". Heute müsste es „braune Erde" heißen, denn Auf die historischen Wurzeln der ganzen Nation schei... nun die Rindviecher! Nein, es ist kein Scherz: Auf dem bedeutenden Boden weiden heute Schafe, Ziegen, Pferde und Kühe. Gelegentlich lässt sich auch ein Kamel blicken.

Es existiert noch eine „modernere" Siedlung namens Karakorum mit 1.100 Einwohnern (das gilt hier als Metropole). Ich zähle zwei asphaltierte Straßen, der Rest sieht aus wie ein provisorisches Forschercamp am Nordpol. Immerhin, in der Nähe steht das eigentliche Ziel meiner Reise: das erste und wichtigste buddhistische Kloster des Mongolenreiches mit dem mystischen Namen **Erdene Dsuu.** Aber auch an diesem ehrwürdigen Ort hat der Zahn der Zeit genagt. Mehrmals überfallen und bis auf die Grundmauern zerstört, wurde das Kloster um 1800 fleißig wiederaufgebaut und erweitert, was Stalin 150 Jahre später nicht davon abhielt, alles erneut niederzureißen. In den 1960ern richtete der Staat ein paar Klostergebäude eilig wieder her. Der amerikanische Außenminister hatte sich angekündigt und etwas Sehenswürdiges musste her. Dann verwandelten die Mongolen es in ein Museum. In diesem stehe ich nun. Vor mir wird der Tempel auf- und hinter mir zugeschlossen. Zur besten Zeit des Tages bin ich der einzige Gast.

Ein paar Freunde sagen, ich sei manchmal ein Rindvieh. Was sie wohl damit meinen?

STOPP! POLIZEI!

Tsönnar holpert mit seinem Hyundai wieder 20 Meter **neben der Straße** entlang. Als wir zum achten Mal bei Full Speed (wie schnell genau, kann ich nicht sagen – der Tacho ist kaputt), aufsetzen, geht unser Fahrgeräusch in ein lautes Poltern über. Tsönnar bremst. Steigt aus. Sagt unbetroffen: „Oh-oh". Fünf Minuten später ist der neue Reifen montiert – bis auf die vierte Schraube, die er nicht mehr findet. Egal, weiter!

Polizeikontrolle. Tsönnar steigt aus, geht zum Polizisten, zeigt den Führerschein. Kommt wieder. Flucht. Er kramt im Handschuhfach, kriecht untern Sitz. Greift sich eine alte Dose, packt ein ölverschmiertes Kabel hinein, legt drei versiffte Verbandspäckchen aus dem Handschuhfach daneben und fügt zwei Kopfschmerztabletten aus seiner Hosentasche hinzu. Fertig ist das Sanitätsset! Er zeigt es dem Polizisten und *Trommelwirbel* – kommt damit durch!

Wir sitzen im Restaurant. Tsönnar bestellt ungefragt etwas für mich. Der Mini-Möhrensalat schmeckt vorzüglich. Der Rest sieht aus wie erbrochener Gulasch mit Reis. **Hier darf das Auge nicht mitessen!** Ich muss fairerweise sagen, dass es (mit geschlossenen Augen genossen) durchaus sehr bekömmlich ist.

Tsönnar bringt mich zu einem zweiten, sehr touristisch anmutenden Jurtencamp. Ich bin überrascht, weil überzeugt, dass ich für die zweite Nacht ein Hotel gebucht hatte (Habe ich?). Ich hatte mich auf eine warme Dusche und Internet gefreut. Zudem lebe ich schon seit 40 Stunden ohne Facebook: Entzug! Es ist erst 17 Uhr – was soll ich den ganzen Abend in diesem unpersönlichen Camp tun? Ich protestiere. Tsönnar versichert, dass alle Hotels um diese Jahreszeit geschlossen seien. Es wäre nur eins in Betrieb, das 100.000 Tugrik (55 Euro) pro Nacht kosten würde, das sei viel zu teuer! Dennoch überrede ich ihn mit Mühe, nochmals eine Runde zu drehen.

Abfuck-Faktor 9,5 (von 10) – mein brandneues (!) 40-Euro-Hotel ...

Wir fahren in den Ort. Hegte ich eben noch Hoffnung, bin ich nun ernüchtert: Das ist kein Ort. Das ist eine Einöde. Ich beschließe, ins 100.000-Tugrik-Hotel zu fahren. Damit hat Tsönnar nicht gerechnet – plötzlich ist auch das angeblich geschlossen. Auch das erlebe ich als typisch für Asien: Man kann Fahrern nie ganz trauen. Oft haben sie eine versteckte Agenda (Provisionen, Familienmitglieder, Trägheit).

Zufällig kommen wir an einem baufällig aussehenden Haus mit zugeklebten Fenstern vorbei. „Hotel“ steht drauf! Das könnte etwas sein, immerhin parken dort zwei Autos. „Please stop!“ Er weigert sich. Ich dränge darauf. Bingo: Es hat offen! Offenbar hat das Hotel gerade erst eröffnet – und sieht dennoch wie 80 Jahre alt aus. Immerhin: Die Betten geben drei Zentimeter nach (zwei mehr als gestern), es hat Steinwände (die Wärme hält länger) und eine funktionierende Heizung. 40 Euro? – Gebucht!

Und Tsönnar? Schnappt sich einfach wortlos das zweite Bett in meinem Zimmer und zieht wie selbstverständlich mit ein. Nix mit Privatsphäre! Etwas unangenehm ist mir die Sache schon. Auch, dass er beschäftigungslos in meine Richtung starrt, während ich versuche mich zu entspannen. Ich leihe ihm daher mein iPad als Spielzeug, worüber er sich sichtlich freut.

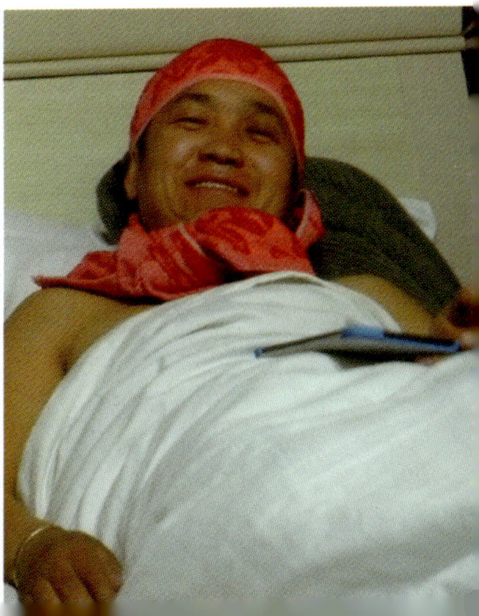

VEGAN FOR FIT? VERG-ISS ES!

Wir brechen auf. Tsönnar stoppt im Ort, um seinen kaputten Reifen zu flicken. Zeit für mich, etwas auf dem Wochenmarkt herumzustolzieren. Yakkekse, Yakbutter, Yakmilch, ein paar verschrumpelte Erdknollen. Es gibt kein Obst, kein Gemüse. Nicht mal Schokolade. Ein Supermarkt? Träum weiter! **Veganer würden hier vegetieren.**

Meine Hände sind kalt. Die Ohren frösteln. Ich schlurfe vorbei an Klamottenläden, inspiziere ein paar Geschäfte. An jeder Ecke billige Plastik-Haushaltswaren und einige Gummistiefel-Shops. Aber wozu der Billardtisch im Freien? In der Kälte spielen seelenruhig zwei ältere Mongolen Poolbillard! Ab und an kommen jüngere vorbei, geben einen Tipp ab und ziehen weiter. Passiert das echt? Kneif mich mal bitte jemand!

Tsönnar zieht mich in eine alte, abrissreife Baracke. In einer Ecke liegen Kartons, Flaschen und zwei **Ziegenschädel,** an denen Blut klebt. In einer anderen Ecke schöpft eine gekrümmte Frau weiße Flüssigkeit aus einem ekligen blauen Fass in gammlige Wasserflaschen. Tsönnar treibt einen Becher auf (ich möchte nicht wissen woher), füllt etwas hinein, reicht es mir: „Hier, Pferdemilch. Koste!" Schüchtern halte ich meine Zunge daran. Nippe vorsichtig. Während ich den Würgereiz unterdrücke, mühe ich mir ein verklemmtes Lächeln ab.

KOPPELN, KÄMPFE, KRIEGER

Auf zum nächsten Ziel. Über Stock, Stein und Steppenstaub dem Horizont entgegen. Kaum ein Fahrzeug ist zu sehen, dafür berittene Hirten in traditionellen Gewändern. Kamele trotten über die Straße. Tsönnar braust. Ist voll in seinem Element. „My car is a Landrover", prahlt er grinsend. Er sei früher in dieser Gegend Pferderennen geritten. Nun wird mir einiges klar: Selbst wenn sich die Zeiten geändert haben – die Mentalität ist geblieben. Die Steppe gehört den Nomaden! Sie sind die **Ritter des wilden Ostens.**

Nachdem wir einige Zeit den 80ies gelauscht haben, fragt er mich, ob ich **„Pferdemusik"** hören will. Habe ich eine Wahl? Er legt eine DVD (!) ein, und wie von Zauberhand erscheinen im ultragroßen Rückspiegel nun mongolische Schnulzen-Videos, die vom weiten Land und von – unschwer zu erraten – Pferden handeln. Pferde-Koppeln, Kämpfe, Krieger. * Schnitt *. Ein Mongole windet sich auf dem Steppenboden und kämpft mit einer Schlange. * Schnitt *. Koppeln, Kämpfe, Krieger. * Schnitt *. ...

Ein Song packt mich richtig. Nicht aufgrund musikalischer Höchstleistung, aber das Video ist der Hammer. Es handelt sich um eine mongolische Interpretation des Rap-Genres. Darin: Eine Art **mongolischer Zuhälter,** fett, mit weitem, weißen Mantel, der schwer an den schwergewichtigen US-Rapper „Notorious B.I.G." erinnert, steht auf einem Hügel. Im Hintergrund wackeln keine drallen Blondinen in knappen Oberteilen mit ihren Hüften zum Beat wie in einem typischen Hip-Hop-Video, stattdessen wiehern und schwenken acht Pferde den Kopf zum Takt auf und ab. Drei Minuten lang!

Im Film „Planet der Affen" bestimmen Affen über das Leben der Menschen. Die Mongolei gleicht einer Abwandlung des Blockbusters, der „Planet der Pferde" heißen müsste. Die wiehernden Gäule waren damals die Antriebsmotoren barbarischer Reiterarmeen und sind heute noch vielerorts die **Zugpferde** der Lokalwirtschaft. Daher besitzen sie mongolischen Sex-Appeal und werden zumindest in Rap-Videos heißen Blondinen vorgezogen.

Endlich: Nun wechselt er die CD und es erklingen moderne Hits. Wir düsen unterdessen mit gefühlten 90 Stundenkilometern durch die Steppe, singen lauthals „Gangnam-Style" und erschrecken Wüstenmäuse zu Tode. Echt abgefahren!

GRENZEN SIND ZUM ÜBERSCHREITEN DA.

Ich bin zurück aus der Steppe. **Es war der (Road-)Trip meines Lebens!** Ich habe mit einer Ziegenwirbelsäule zwei Stunden Würfel gespielt und bei minus 17 Grad in einem Zelt genächtigt. Noch nie habe ich eine solche Fülle an Tieren in der freien Wildbahn gesehen und bin so flink (nach nur einer Woche) so tief in eine Kultur eingetaucht.

Wie konnte ich je daran zweifeln, dass meine Reise cool wird? Bereits eine Woche nach der Abreise habe ich meine Ängste abgelegt. Das Klammern ans traute Heim ist der Lust auf Abenteuer gewichen. Es ist bemerkenswert, wie schnell schwermütige Gedanken verfliegen, wenn du jeden Tag etwas erlebst. Neue Eindrücke, Gerüche, Erfahrungen haben meine Synapsen massiert, meine Sorgen abgelenkt und mich voll ins Erleben eintauchen lassen. **Trotz Jetlag habe ich mich lange nicht so lebendig und wach gefühlt.**

Ich finde, Reisen sollte mentale Schranken brechen. In der Tat rüttelte die erste Woche bereits an meinen Grenzen. Vom schützenden Hotel zog ich in die Backpacker-Absteige und von dort ging es in die Jurte. Und: Ja, es war bibber-kalt! Ich fühlte mich wie ein deutscher Apfelstrudel in der Tiefkühltruhe Sibiriens. Doch es ließ sich aushalten. Keine Zehen abgefroren, nicht einmal Schnupfen habe ich bekommen. Die **erste Mission** ist abgeschlossen! **Meine Komfortzone ist überschritten.** Nun bin ich erleichtert und auch ein klein wenig stolz.

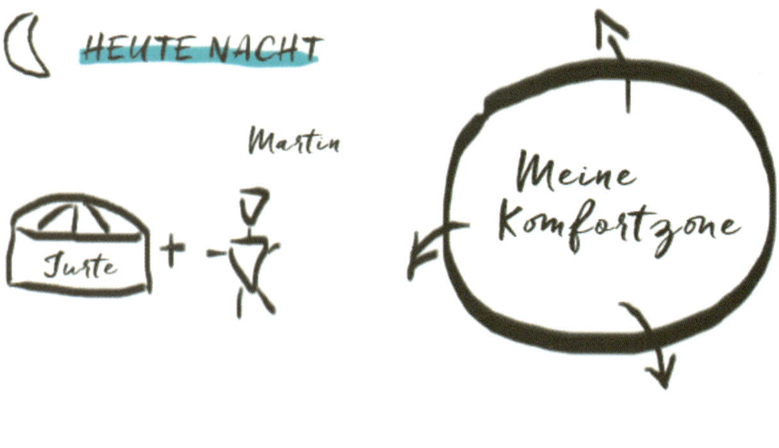

Ich lernte auch, was **„go with the flow"** bedeutet. Die acht Tage verdeutlichten, dass es nichts bringt, mich über eine verpasste Chance oder über eine Schwierigkeit zu ärgern. Ganz im Gegenteil, oft entwickelt sich etwas Ungewolltes zu etwas Gutem. Am ersten Tag kam der bestellte Fahrer nicht, doch dafür lernte ich interessante Menschen beim Sightseeing kennen. Am nächsten Tag bekam ich einen echt coolen Fahrer und eine der besten Touren meines Lebens. Dann hatten wir einen Platten. In der Zeit, in der Trönnar den Reifen flicken ließ, trank ich bestialische Stutenmilch und beobachtete Einheimische beim frostigen Open-Air-Billard. **Unvergessliche Anblicke und Eindrücke, die ich nicht bekommen hätte, wäre alles „glatt" gelaufen.**

GESCHEITERTE DIALOGE VOR ORT

Martin:	„Where do you live?"
Mongole:	„Toyota."
Martin:	„Where are you from?"
Mongole:	**„Horse."**
Martin:	„Where are we going?"
Fahrer:	**„Yes!"**

Erste Hilfe hierbei: Ruhig bleiben und Yakmilch trinken!

WORAN DU MERKST, DASS DU MONGOLE GEWORDEN BIST:

Du weißt nicht mehr, wie Bäume aussehen (es gibt hier keine).

Du fährst so oft es geht neben der Straße.

Du kannst einen Reifen in 5 Minuten wechseln.

Du erachtest minus 5 Grad als warm und zeigst dein Dekolleté

Eine Hauptspeise für 3 Euro findest du teuer.

Du machst als Museumswärter um 15 Uhr Feierabend, obwohl das Museum offiziell bis 18 Uhr geöffnet hat.

Du installierst statt des Rückspiegels einen DVD-Monitor (in der Steppe fährt eh niemand hinter dir).

Du magst aus Prinzip keine Chinesen.

Du magst aus Prinzip keine Russen.

Du findest feste Wände als Behausung merkwürdig.

Du verehrst dein Pferd wie Deutsche ihr Auto.

CHINA

Kulturschock in XXL

Glück begegnet dir oft in Anwesenheit anderer Menschen. Oder in ihrer Abwesenheit. So wie mir jetzt in der Transmongolischen Eisenbahn, in der ich für die nächsten 24 Stunden ein 6 m^2-Abteil für mich allein habe. Reise-Luxus!

Die Transmongolische Eisenbahn ist ein Ableger der berühmten **Transsibirischen Eisenbahn** – mit dem Unterschied, dass sie in Peking und nicht in Wladiwostok endet. Von Ulan Bator ruckelt sie bereits seit 7 Uhr laaangsam gen Süden. Auf dem Pferd reiten wäre schneller gewesen. Immerhin kann ich in Ruhe in die Wüste Gobi starren und winken.

Stunden später. Es ist dunkel. Der Zug stoppt. Das Licht geht an. Die Tür auf. Nichts passiert.

Zehn Minuten später versperrt mir eine beleibte uniformierte Mongolin die Sicht. Sie fordert eines der Formulare zurück, die seit drei Stunden auf meinem Tisch liegen. Ich beginne, es auszufüllen. Kurz darauf schnappt sich eine zweite Beamtin wortlos meinen Pass und verschwindet. Die Füllige kommt wieder, checkt die Zollerklärung, stempelt wild drauf rum, ich solle noch unterschreiben. Statt einfach mal fünf Sekunden auf die Unterschrift zu warten, ist sie sofort wieder weg. Wie ein Geist. Sie löst sich in Luft auf - mitsamt meines Reisepasses. Beide sind nun schon seit über einer Stunde nicht mehr aufgetaucht. Ist das hier die Zollabfertigung oder eine **Geisterbahn?**

Meine Pulsrate stabilisiert sich erst, nachdem ich meinen Pass wieder in meinen Händen halte. Die ach so wichtige Zollerklärung hingegen habe ich heute noch. Typisch Asien: Die Deutsche Bahn hätte zwölf Durchsagen in drei Sprachen durchgegeben. Hier erfährt man: Nichts. Keine Antworten auf die wichtigsten Fragen der reisenden Menschheit: Wo sind wir? Wie lange bleiben wir? **Werde ich erschossen, wenn ich draußen pinkeln gehe?**

Der Zug ruckelt wieder. Der Schaffner saust mit dem Kloschlüssel durch den Gang und schreit: „Toilet, Toilet." (Die Plumpsklos auf den Bahnhöfen sind geschlossen, damit es nicht haufenweise unangenehme Anblicke gibt.) Ein Mongole rennt hinterher, blockiert das einzige Klo 15 Minuten lang. Endlich ist er fertig. Sofort schließt der Schaffner die Hütte wieder zu: Chinesische Grenze, **Passkontrolle!**

Kurze Zeit später rumpelt es, als würde der Zug auseinanderfallen. Und er tut es auch: Weil die Spurbreiten zwischen der Mongolei und China unterschiedlich sind, bekommt der Zug ein neues Fahrgestell. Die Wagons werden einzeln nach oben gestemmt, und der komplette Rad-Untersatz getauscht. **Das ist wie Schuhe wechseln, nur für eine Eisenbahn.** In Summe dauert es stolze vier Stunden – die Toiletten bleiben dabei verschlossen. Mal eben den Rüssel aus dem Fenster halten zum Pipi-Machen geht nicht: Wir befinden uns mitten in einer Werkstatt. Mist! Eine Vorwarnung wäre hilfreich gewesen – zumindest für diejenigen, die zuvor drei Flaschen Bier getrunken haben.

Früh am nächsten Morgen wickle ich mich gähnend aus der kratzigen Wolldecke. Ich bin in Datong, China.

Ein wahres „High"-light: Das hängende Kloster bei Datong

Andere Länder, andere Sitten ...

Chillen auf der Stromleitung

Großtransport mit dem Pferd

LOST IN TRANSLATION

Es kursiert so die eine oder andere romantische Vorstellung von China: Man denkt an lächelnde mandeläugige Mädels in Schuluniformen und an säbelfuchtelnde Shaolin-Mönche, die mit der Terrakotta-Armee kämpfen.

Auch ich pflegte vor meiner ersten Chinareise ein sehr romantisches Bild vom Reich der Mitte, hatte asiatische Dudelmusik im Ohr und sah schieferbedeckte Häuschen vor meinem inneren Auge. Geht's dir auch so? – Dann wirst du genauso geschockt sein wie ich, wenn du das erste Mal eine chinesische Stadt betrittst. Nimm eine ausgeuferte Großstadt wie Berlin und lass dann diese Stadt vor deinem geistigen Auge **doppelt so groß, dreimal so unübersichtlich und viermal so laut werden.** Dann bekommst du eine grobe Vorahnung, wie es hier tatsächlich aussieht. Füge übergroße, grelle Reklametafeln hinzu, fühle den Stress nach, wenn du im Dauerstau mit Dauergehupe stehst. Atme zum Abschluss noch eine gute Portion Abgase ein, um auch den Smog sinnlich begreifbar zu machen.

Nach dem ersten Schock findet man dann doch Spuren der überreichen Historie. Bei den zahlreichen top-restaurierten Tempelanlagen kommen Kultur-Reisende auf ihre Kosten. Zudem ist das Land sehr unterhaltsam: der Frühsport, den Menschenmassen bei quietschiger Musik morgens im smogvernebelten Park betreiben, das militärische Strammstehen der gesamten Mannschaft des Friseurgeschäfts zum Schichtwechsel oder das nicht seltene Phänomen, dass Erwachsene hier am hellichtem Tage und bei hellem Verstand im **Pyjama durch die Straßen** schlendern.

Das sind witzige Anblicke. Doch dann gibt es sie, diese verstörenden Augenblicke, wie in meinem Hotel in Datong: Ich warte auf den Fahrstuhl. Er kommt. Bei geschlossener Tür höre ich, wie dahinter jemand laut hörbar Spucke hochzieht. Die Tür geht auf – ein Chinese sieht mich überrascht an, hält den Atem an. Ich steige ein, der Chinese aus. Die Tür geht zu. Nun höre ich draußen ein lautes Spucken. **IGITT! Das war der Teppich!**

Das ist nur schwer mit den westlichen Knigge-Vorstellungen vereinbar. Und davon gibt es einige, sehr gewöhnungsbedürftige Verhaltensweisen, die gehörig an Herz, Nieren und Galle gehen: das laute Hochziehen der Nase, das Spucken, das **Schnäuzen ohne Taschentuch** auf den Fußboden, gut hörbare Rülpsgeräusche auf der Straße, lautes Schmatzen beim Essen. China ist nicht ohne! Und wenn du dann als einziger Ausländer in einem Zug voller Chinesen sitzt, dann kommst du dir schon etwas beobachtet vor. Das erste Mal fühlte ich mich wahrscheinlich wie die beiden einzigen Afrikaner in meinem DDR-Heimatort 1985: Exotisch. Ein wenig verlassen. Genau beäugt.

Meine Karriere als Backpacker begann ich 2007 in China – ein riesiger Fehler! Denn das Reich der Mitte ist eines der schwierigsten Reiseländer für Individualtouristen. Meinen Tiefpunkt hatte ich bereits nach vier Tagen bei einer Fahrt von Shanghai nach Shangzou. Ich setzte mich in einen Bus und fuhr sechs Stunden in die nächste Stadt Suzhou. Dachte ich jedenfalls. Bald jedoch war ich mir nicht mehr sicher, ob ich die Leute bzw. die Leute mich richtig verstanden hatten: Auf dem großen Busparkplatz hatte ich die Wahl zwischen gut 30 Bussen, alle mit chinesischen Schriftzeichen als Endhaltestellen-Beschreibung. Keiner, den ich fragte, sprach auch nur ansatzweise Englisch. Am Ziel angekommen, fand der

Die Rezeptionistin hat Verstärkung geholt, um mich ab... – äh einzuchecken. Anfangs können Verständigungsprobleme noch Spaß machen.

Taxifahrer mein Hotel nicht – die Karte aus dem Reiseführer konnte der Analphabet nicht lesen. Es war dunkel. Ich hatte ein knappes Budget. Und kein Dach über dem Kopf. Verzweiflung stieg in mir auf. War ich in den falschen Bus gestiegen und in eine ganz andere Stadt gefahren? Denkbar wär's, es gibt in China über über 50 Städte mit mehr als einer Million Einwohnern.

Abends im Bett war mir zum Heulen zumute. Von längeren Aufenthalten in England, Italien, den USA und der Schweiz hatte ich schon interkulturelle Erfahrung mitgebracht (vor allem aus der Schweiz ☺). Ich hatte einen Studienschwerpunkt in interkultureller Kommunikation und gerade meinen Master in „Cultural Psychology" abgeschlossen – doch wenige Tage in China reichten aus, um mich, das Land und meine Reise zu verfluchen. Ich spürte den Kulturschock mit jedem Pulsschlag! Ich kam mir fremd und deplatziert vor. **So als würde ich schief durch die Welt laufen.** Das ging an die Substanz!*

Eine weitere Herausforderung neben den Kommunikations-Schwierigkeiten ist der rebellische Magen, wenn es nirgends richtiges Brot zu kaufen gibt, und alle Speisen mit Knoblauch überwürzt sind. Daher beginnt meine Reise in China mit einer Suche nach verdaubarer Nahrung ...

* Die Erlebnisse fanden ein Freund und ich so intensiv, so dass wir ein komplettes Buch („China unzensiert") über unsere Erlebnisse und Emotionen geschrieben haben. Als Selbst-Therapie-Versuch. Ist er gelungen? >> martinkrengel.com

EIN HUNGRIGER WOLF IN DATONG

Morgens streife ich auf der Suche nach Nahrung durch die Stadt wie ein Wolf auf Beutezug. Endlich! Ein Coffeeshop-Zeichen. Mein Herz pocht schneller: **Vorfreude! Hoffnung. Bilder von duftenden Croissants im Kopf!**

... und die Enttäuschung: Der Coffeeshop ist so liebevoll eingerichtet wie das Berliner Einwohnermeldeamt. Zum dürftigen Ambiente gesellen sich unkuschelige 14 Grad Raumtemperatur. Im Angebot: pappsüßes Gebäck unbestimmter Konsistenz. Eine Speisekarte? Sucht man vergebens.

„Einmal Schildkröte zum Mitnehmen bitte!"

Magen-grummelnd zieht der deutsche Wolf weiter durch die chinesische Großstadt-Prärie. Plötzlich spitzen sich meine Ohren: ein Beatles-Song mit eingesungener chinesischer Übersetzung: ♬ Sching-Schung-Yesterday-schungel-li-lung-far-away ♬ 🎧. Autsch. Akustische Schmerzen gesellen sich zum Hunger.

Datong ist **China ungeschminkt.** Hier existiert kaum westlicher Tourismus. Nichts Gewohntes. Kein Starbucks. McDonald's? Fehlanzeige! Nur lieblos eingerichtete, dafür umso lautere und verrauchtere chinesische Restaurants finde ich. Meins hat zum Glück zumindest eine bebilderte Speisekarte, so weiß ich wenigstens, was ich NICHT bestellen möchte!

HUTONG-ROMANTIK?

Am nächsten Tag erklimme ich eine der typisch-altchinesischen Pagoden und betrachte die Ausmaße der Stadt. Mir wird klar, woher die Verkehrsprobleme kommen: Alle Wolkenkratzer stehen außerhalb der alten Stadtmauern. Weit außerhalb. Verstreut im Süden, Osten, Norden und Westen. Überall leben und arbeiten viele Menschen - nur nicht im Zentrum. Deswegen müssen sie immer woanders hin. U-Bahn? Die wurde vergessen. Als Folge steckt man - egal wo es hingehen soll - im dicksten Verkehrsknoten fest.

Nun starre ich gedankenversunken auf die alten Hutongs. Das sind kleine Gassen, bebaut mit Lehmhütten, die hier schon seit Ewigkeiten stehen und das nostalgisch-verträumte Bild chinesischer Städte prägen. Prägten. Inzwischen werden sie flächendeckend abgerissen und weichen monolithischen Hochhäusern. Auch hier gibt es nur noch einige Flecken der romantisch anmutenden Hutong-Hütten. Ab und an qualmt aus ihnen Rauch empor. Bei ihrem Anblick denke ich: **„Die Chinesen machen einen großen Fehler, wenn sie die traditionsreichen Häuser abreißen."**

Ich gehe die Straße hinab, will mir das näher anschauen. Winde mich durch Absperrungen und schlüpfe detektivisch in die schmalen Gassen.

Konfuzius lebt!

Ich finde alte Bruchbuden, zugemüllt mit Tüten, Dreck, Abfällen. An den Straßenecken stehen Klohütten (in den Häusern gibt es keine). Sie sind ohne Wasseranschluss und werden nicht gereinigt. **Man kann es nicht überriechen!** Ich linse durch die schmutzigen Fenster der Hütten und blicke in dunkle Räume, erspähe niedrige Decken und viel Gerümpel. Da: Ein wandernder Schatten! Ich erkenne verschwommene Konturen von Menschen.

Mich schüttelt es etwas. Ich ändere meine Meinung: Die Hutongs abzureißen, ist ein **Dienst an der Menschenwürde!** Nicht, dass die 30-geschossigen Klonbauten, die hier entstehen, schön wären. Lebenswerter sind sie allemal.

In der Dämmerung kommt dann doch noch ein Hauch von gemütlich-kuscheliger „Atmosphäre" auf: Gekrönt von einem Heiligenschein versinkt die Sonne eindrucksvoll im Smog. **Einzigartige Naturschauspiele, wie man sie nur in China findet!**

BEIJING RELOADED

Beijing! Am Provinzflughafen habe ich bereits mein erstes Erfolgserlebnis: Ich sage meinen Straßennamen „San-Li-Tun-Nan-Lee" auf Chinesisch – und der Taxifahrer versteht, wo ich hin will! Wahnsinn. **Manchmal sind es die kleinen Dinge, die die größte Freude bereiten.**

Während der Fahrt passiere ich alte Hutongs, die auch hier bald abgelöst werden von einem gigantischen Hochhaus-Meer. Ich wohnte vor sieben Jahren fast zwei Monate in Peking, erkenne aber weder Strukturen noch habe ich einen Funken Orientierung. Die Stadt ist verworren, ungelenk, zerpflückt.

Ich komme bei meiner Freundin an, die hier seit einigen Monaten arbeitet. Sie wohnt mitten im Zentrum, in „**Sanlitun**". Der Stadtteil ist *die* City in Beijing City. Hier wohnen die ganzen „Expats": Diplomaten, Berater, Ingenieure, Werber. Ausländer, die mit westlichem Knowhow chinesische Märkte mit aufbauen. In diesem Stadtteil lebt man wie in einer Wolke. Damit meine ich nicht den Mega-Smog, sondern den Lebensstil. Er bildet einen krassen Kontrast zu Städten wie Datong. Hier gibt es sie alle: Die Adidas', Guccis, Starbucks' dieser Welt. Luxusprodukte kosten mehr als in Deutschland. Selbst für den Cappuccino löhne ich das Gleiche wie in Berlin, ein Salat kostet schnell 9 Euro. Billig leben in China? Hier nicht!

Dennoch kann ich verstehen, warum sich meine Freundin – trotz wahnsinnig stressigem Agentur-Alltag – und andere Expats hier so wohlfühlen. Sie leben in einer kleinen, exklusiven Gesellschaft. Man trifft sich in bestimmten Lokalen, „kohortet" sich in nahe beieinander liegenden Appartements und unternimmt verbündet Wochenendausflüge. Die gemeinsame Entsendung, die ähnliche Mission in der Ferne schweißen zusammen. Das ist wie eine permanente Klassenfahrt und damit ein intensives Erlebnis. Und wenn man auf Einheimische trifft, sind diese meist offen und interessiert, denn man ist etwas Besonderes.

BEI DER CHINESISCHEN BE-HÜRDE

Da ich nicht mit einer Gruppe reise, muss ich mich umständlicherweise bei der Polizei registrieren. Neben meinem eigenen Pass und einem im Voraus beantragten Visum brauche ich „lediglich" den Pass und die Aufenthaltsgenehmigung meiner Freundin, ihren Mietvertrag und die schriftliche Einverständniserklärung ihres Vermieters. Neben diesen Schikanen spricht die Ausländer-Polizei natürlich kein Wort Englisch.

Da die Sache mit der Genehmigung des Vermieters ziemlich umständlich ist (wozu auch für drei Wochen?), versuche ich es mit lückenhaften Unterlagen. Und werde auf Chinesisch zugetex累了的文本. Ich rolle mit den Augen. Das hilft allerdings nicht, um an den blöden Stempel zu kommen. Ich überlege: Ich könnte ein Feuer legen, um die Beamten abzulenken ... Schließlich greife ich zum Telefon und bitte die Chinesisch sprechende Team-Assistentin meiner Freundin um Vermittlung. Es folgen vier Minuten lautstarker 讨论-Diskussion.

Wortlos bekomme ich mein Telefon wieder. Die Beamtin nimmt mir meine Unterlagen ab und – Zack! Klack! Bams! – bekomme ich kraftvoll-aggressiv meinen Registrierungs-Stempel in meinen Pass gedrückt. Selbst der Pass meiner Freundin wird nun – sicherheitshalber – nochmal mit durchgestempelt.

In China muss man viel Ruhe bewahren!

CHINA, WIE DU ES NIE VERMUTET HÄTTEST

China ist wohl das kontrastreichste Land dieser Welt. Tief verwurzelte Tradition trifft Mega-Moderne. Die Gebäude in Beijing und Shanghai sind die ausgefallensten Architekturwunder dieser Erde, die ihren Zweck als Statussymbole für Chinas Erneuerung und weltgreifendes Streben nicht verfehlen. Aber jeder große Trend generiert eine Gegenbewegung. Und so entwickelte sich auch in Beijing eine alternative Szene. Genau das passiert im trendig-flippig-bunten **„798"-Künstlerviertel**. Das ist mein Geheimtipp! Diese alte Industriegegend ist vollgepackt mit Galerien, Installationen, Street-Art und gemütlichen Cafés. Das Viertel könnte 1:1 in London, Berlin oder New York sein und würde dort nicht auffallen.

FRAU³

Um mir die Zeit in China zu vertreiben, absolvierte ich einen dreiwöchigen Sprachkurs. Eigentlich sollte es eher „Gesangsunterricht“ heißen, denn im Chinesischen hat ein Wort bis zu fünf Bedeutungen. So kann „ma“ je nachdem ob man die Stimme hebt, senkt, variiert oder neutral hält entweder „Pferd“, „Mutter“ (bitte nicht verwechseln!), „Hanf“ oder „schimpfen“ heißen. Bleibt „ma“ gänzlich unbetont, ist es ein Fragepartikel.

Ich finde das spannend. Aber als Lernpsychologe vertiefe ich mich mehr in meinen Schriftzeichen-Kurs. Ich wollte wissen, wie man so eine vollkommen fremde Schrift lernt. Es klappt! Das konnte ich nach drei Wochen tatsächlich lesen:

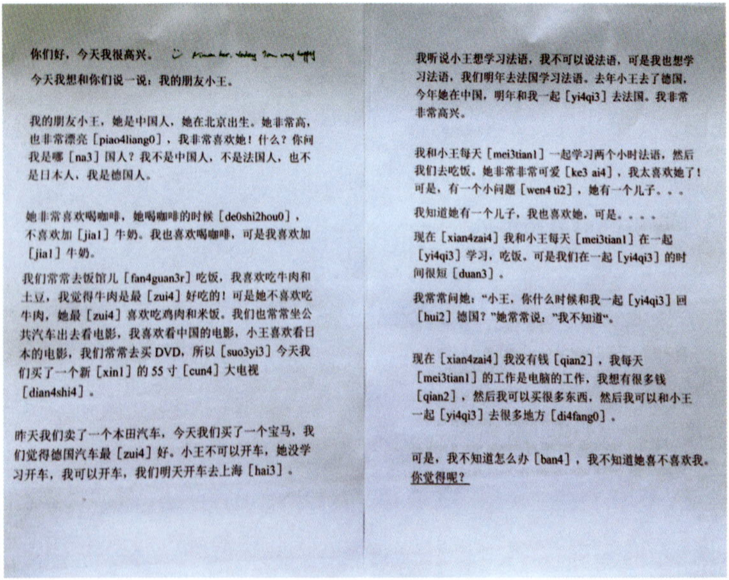

你们好，今天我很高兴。

今天我想和你们说一说：我的朋友小王。

我的朋友小王，她是中国人，她在北京出生。她非常高，也非常漂亮［piao4liang0］，我非常喜欢她！什么？你问我是哪［na3］国人？我不是中国人，不是法国人，也不是日本人，我是德国人。

她非常喜欢喝咖啡，她喝咖啡的时候［de0shi2hou0］，不喜欢加［jia1］牛奶。我也喜欢喝咖啡，可是我喜欢加［jia1］牛奶。

我们常常去饭馆儿［fan4guan3r］吃饭，我喜欢吃牛肉和土豆，我觉得牛肉是最［zui4］好吃的！可是她不喜欢吃牛肉，她最［zui4］喜欢吃鸡肉和米饭。我们也常常坐公共汽车出去看电影，我喜欢看中国的电影，小王喜欢看日本的电影，我们常常去买 DVD，所以［suo3yi3］今天我们买了一个新［xin1］的 55 寸［cun4］大电视［dian4shi4］。

昨天我们卖了一个本田汽车，今天我们买了一个宝马，我们觉得德国汽车最［zui4］好。小王不可以开车，她没学习开车，我可以开车，我们明天开车去上海［hai3］。

我听说小王想学习法语，我不可以说法语，可是我也想学习法语，我们明年去法国学习法语。去年小王去了德国，今年她在中国，明年和我一起［yi4qi3］去法国。我非常非常高兴。

我和小王每天［mei3tian1］一起学习两个小时法语，然后我们去吃饭。她非常非常可爱［ke3 ai4］，我太喜欢她了！可是，有一个小问题［wen4 ti2］，她有一个儿子。。。

我知道她有一个儿子，我也喜欢她，可是。。。。

现在［xian4zai4］我和小王每天［mei3tian1］在一起［yi4qi3］学习，吃饭。可是我们在一起［yi4qi3］的时间很短［duan3］。

我常常问她：“小王，你什么时候和我一起［yi4qi3］回［hui2］德国？”她常常说：”我不知道“。

现在［xian4zai4］我没有钱［qian2］，我每天［mei3tian1］的工作是电脑的工作，我想有很多钱［qian2］，然后我可以买很多东西，然后我可以和小王一起［yi4qi3］去很多地方［di4fang0］。

可是，我不知道怎么办［ban4］，我不知道她喜不喜欢我。你觉得呢？

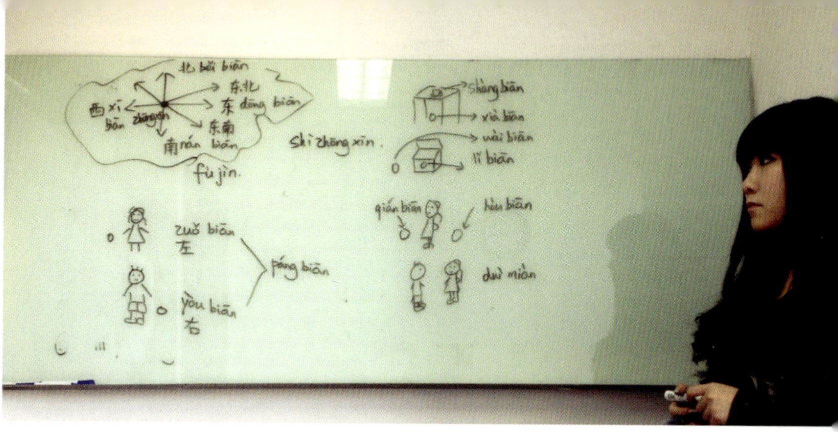

Leider verstaubt Sprachwissen schnell, wenn man es nicht immer wieder anwendet. Woran ich mich aber wohl ewig erinnern werde, ist folgendes Schriftzeichen in drei Variationen

„Frau“ wird so dargestellt:

女

Nimmt man **zwei Frauen** zusammen, bedeutet das **„Streit“**
(Warum nur??)

女 女

Schreibt man das "Frau"-Schriftzeichen **dreimal**, heißt das **„Ehebruch“** oder **„Vielweiberei“**. Oha!

女 女 女

Auf der Mauer, auf der Lauer ...
... liegt eine erschöpfte Martin-Wanze und keucht. Einige der Wanderungen gehen über acht Stunden und sind dank Stufenhöhen von bis zu einem Meter mega-anstrengend!

* „Von wegen!", sagt meine Freundin. „Das Foto entstand VOR der Wanderung, als du noch Energie hattest, du Hoschi!"

Geschminkte, metrosexuelle Tempelwächter, Augenbrauen-Extensions: China wird das neue Trendsetter-Land! Wetten?

WORAN MAN ERKENNT, DASS MAN ZU LANGE IN CHINA IST:

Du gehst in den Zoo und denkst: „So leckere Tiere hier!"

Du hast vergessen, wie es sich anfühlt, irgendwo alleine zu sein.

Du bittest westliche Touristen um ein gemeinsames Foto.

Du bist Nichtraucher geworden, weil dir der Smog der Stadt ausreicht.

Du gehst zu IKEA, um in Ruhe auszuschlafen.

Du verwendest Omas alte Stricknadeln zum Essen.

Du bekommst ohne 6 Liter Grüntee am Tag Entzugserscheinungen.

Du gibst jemandem deine Visitenkarte, bevor du nach seinem Namen fragst.

Du kaufst Reis in 10-Kilo-Säcken.

Du kannst treffsicher in 10 Meter Entfernung eine Kerze ausspucken.

Du gehst nur noch mit Regenschirm in die Sonne.

Du trittst in keine Gebäude mit der Hausnummer 4.

Du verstehst all diese Andeutungen.

Quelle: „China unzensiert" von Karg & Krengel. Mehr authentisch-schockierende Geschichten aus China >> martinkrengel.com.

BANGKOK

Prostata trifft Prokrastination

Nachtflug. Um vier Uhr morgens schlüpfe ich in einem Flughafenhotel unter. Es liegt neben einer Highspeed-Bahnstrecke und unterhalb einer Autobahn-Hochtrasse. Dennoch vermag es, seltsame Ruhe und **Gelassenheit** auszustrahlen. Vielleicht hätte ich an diesem Ort länger bleiben sollen, denn wenige Stunden später bin ich mitten in Bangkok. Hier ist es aus mit der Ruhe!

Korrektur: Du kannst nicht mitten in Bangkok sein – es gibt keine Mitte. Wenn überhaupt, dann bist du *inmitten* von Bangkok: Von Gewühl und Lärm aufgesaugt, verwickelt, verflochten.

Bangkoks Straßennetz erstreckt sich auf zwei Etagen. Die Metro und einige Schnellstraßen befinden sich auf Hochtrassen. Das ergibt ein unübersichtliches Betongeflecht, dessen Logik sich mir vollkommen verschließt. Es ist dieses verworrene, geschäftige Etwas, das doch irgendwie funktioniert, was ich an dieser Stadt so mag.

Ich war noch nie in einer **Bleigießerei**, aber das hier ist eine! Hitze. Staub. Gestank. Langsam, zähflüssig, nähern wir uns meinem Ziel. Kurz davor erstarrt jedoch der Verkehrsfluss. Bis hierhin und keinen Meter weiter! Der Taxifahrer zeigt mir die Richtung, ich schnappe mein Gepäck, schlängele mich durch trötende Autos, vorbei an qualmenden Straßenküchen-Ständen und weiche wie Super Mario schmierigen Touristenfängern aus.

Als ich mittags im Backpacker-Hotel ankomme, lungern in der Empfangshalle einige bereits ausgecheckte Touristen in den Sesseln und schlafen ihren Kater aus. Zwei junge Briten, die ihren Kumpel nicht wach kriegen,

verhandeln mit der Rezeption. In Deutschland würde das Hotelpersonal wohl die Augen verdrehen oder die **Polizei zur Räumung** rufen. Doch hier lächelt die attraktive junge Dame nur und fragt mit imitierend-witziger Zunge-aus-dem-Mund-Häng-Mimik, ob sich der Kerl mit Alk oder Drogen abgeschossen hat. – Alkohol! Ein zufriedenes Lächeln der mysteriösen Schönen. Die Partyjungs müssen lediglich die halbe Tagesmiete (10 Euro) für eine Verlängerung bis 18 Uhr zuzahlen.

Ich habe mein (fensterloses) Zimmer strategisch abwägend in der Mitte des dunklen Hotelflurs gewählt: Ausreichend entfernt von der Straße, um abends nicht die lauten Disko-Pubs zu hören und weit genug vom Hinterhof des Hotels entfernt, der tagsüber eine dröhnende Großbaustelle ist.

Nachmittags stehe ich auf der Dachterrasse des Hotels und blicke hinunter auf einen gammeligen Parkplatz. Ein Lächeln zaubert sich in mein Gesicht: Da stehen sich zwei Leute auf Stühlen ungefähr 15 Meter voneinander entfernt gegenüber und halten je einen Korb in Augenhöhe vor sich hoch – damit die anderen 10 Thais Basketball spielen können. Einfach kurios! Nein, besser ausgedrückt: Kurios einfach!

KHAO SAN ROAD: DIE WELTWEITE BACKPACKERZENTRALE

Backpacker gibt es überall auf der Erde – aber hier ist ihre Zentrale: Die weltberühmte Khao San Road! Hier ist der Meeting-Raum für alternative, hängengebliebene Anfang-Zwanziger auf Sinn- und/oder Drogensuche. Wenn ich durch die Straßen spaziere, wundere ich mich, wie angepasst diese Aussteiger erscheinen. Diese „Alternativen" sehen irgendwie alle gleich aus: Flipflops, ein billiges Shirt mit irgendeinem Schriftaufdruck, dazu ein paar Tattoos hier und da, mal Rasta, mal dicke gebräunte Oberarme. **Als Lieblingsaccessoire dient hier nicht das iPhone, sondern das thailändische Singha Bier.** Eine Gruppe bleibt eben eine Gruppe: Ihre Mitglieder vertreten gleiche Werte und tragen ähnliche Erkennungssymbole, die diese Lebenseinstellungen zum Ausdruck bringen.

Abends erwacht die tagsüber etwas verkaterte Khao San Road zu vollem Leben. Eigentlich sollte die Straße **„Chaos-San"** heißen. Auf jedem Meter jubelt, trötet, schallt, lacht, ruft es. Eine Straße mit eingebautem Kuschelfaktor, denn im Dickicht von Ständen und Menschen ist Körperkontakt inklusive.

Drei Euro für 'ne halbe Stunde Fußmassage? Ein Geschenk! Ich suche mir eine ruhigere Straßenecke und werde kurz darauf von einem Mann mit langen Haaren, Kette und Brüsten massiert – bzw. von einer besonders großen, kräftigen Frau mit Männerstimme. Mann oder Frau – so genau kann man oft nicht erkennen, ob das **„dritte Geschlecht"** in Thailand die Umwandlung schon vollzogen hat. Ich habe diese/n Masseur/in zugeteilt bekommen und versuche, auch wenn mein Hirn keine Schublade für diesen Menschen findet, cool zu bleiben und mich zu entspannen. Doch rechts neben mir fängt eine andere Masseurin an, mich auf Thailändisch anzuflirten – mein(e) Masseur(in) muss ins Englische übersetzen: „Where are you from?" – „How long are you staying?" – „Do you like me?" Ich hätte es wissen müssen: Entspannen auf der Khao-San? Das kannst du knicken!

AUF SPEED

Eine Schweigeminute, bitte: Das Taxometer ist tot! --- Alle Taxifahrer verlangen für die Fahrten zu Buddha-Tempeln und Shoppingpalästen inzwischen astronomische Preise. Schlimmer noch: Du steigst ins Taxi und stehst sofort im Stau. Also rauf aufs Motorradtaxi, um irgendwie vorwärtszukommen. Windig schlüpft der Fahrer durch die engen Fahrgassen, **Seitenspiegel fremder Autos kratzen an meinem Hintern.**

Dann geht es schnell. Zu schnell: Eine freie Strecke ohne Stau wird gnadenlos ausgenutzt: Zeit ist Geld – auch im entschleunigten Asien. Der Fahrer tritt aufs Gas. Ich sehe 80, 90, 100 Stundenkilometer! Auf der klapprigen Schüssel und ich nur im T-Shirt, ohne lange Hose, ohne Helm. Sollten wir jetzt ins Schleudern kommen, würde mein Schädel zersplittern und ich ins Nirwana befördert werden. Gehe direkt in den Himmel, kassiere keine Erleuchtung auf dem Weg! Ich habe Angst und schwöre mir:

Nie wieder setzt du dich diesem Leichtsinn aus.

Nie wieder!

Am nächsten Tag sitze ich wieder auf dem blöden Ding. Taxis sind entweder voll oder die Taxifahrer habgierig – das Motorrad ist zwar das gefährlichste, aber **das einzig sinnvolle Fortbewegungsmittel** hier. Immerhin bin ich inzwischen schon etwas schlauer und kralle mir heute eine weibliche Moto-Fahrerin. Sie sind vielleicht nicht die schnelleren, aber in jedem Fall die langlebigeren Verkehrsteilnehmer.

KULTUR-KOLORIS

Geert Hofstede, einer der meist zitierten Kulturforscher definiert „Kultur" als „kollektive Programmierung des Gehirns, welche die Mitglieder einer Gruppe von einer anderen unterscheidet." Eine Kultur bestimmt damit die Art, wie Menschen miteinander umgehen und ihr Leben gestalten. Sie besitzt gemäß Hofstede spezifische **Werte** (z. B. Einstellung zu Arbeit und Freizeit, Respekt vor Hierarchien, Beharren auf Tradition), **Helden** (Menschen, welche die Gesellschaft prägten), **Symbole** und **Rituale.**"

Ich erinnere mich an diese Theorie, als ich mir ein Henna-Tattoo machen lasse. Denn das Tattoo-Studio sieht aus wie eine Mischung aus Satan-Keller und Konfuzius-Tempel. Wer dabei zweimal hinschaut, sieht mehr:

Mich fasziniert, wie diese unterschiedlichen, teils widersprüchlichen kulturellen Symbole wie selbstverständlich nebeneinanderstehen. Hier vermischen sich sowohl lokale (König) als auch internationale Helden (Bob Marley) sowie Tradition (Buddha) und Moderne (Maschinengewehr). Dass der **König direkt auf die Brüste von Lady Gaga starrt, wäre ein Bild für die Götter** (aber der Buddhismus hat zum Glück keine, die das ahnden könnten).

PROST & PROSTATA

Apropos „auf die Brüste starren", keiner traut sich zu fragen, aber jeder will es wissen: Wie ist das eigentlich mit dem Sex in Thailand? Fahren wirklich alle nur zum Poppen hin? Nein, der Großteil nicht. Man(n) täte dem Land auch unrecht. In Thailand findest du magische Strände, leckeres Essen, dauerlächelnde Menschen, Natur, noch mehr Natur, szenische Klöster, Tauchoasen, neugierige Affen, imposante Elefanten, kunstvolle Handwerksprodukte etc. Thailand ist vielfältig. Es auf seine Sexindustrie zu reduzieren, wäre vermessen. Aber ich will den Punkt auch nicht so einfach ausblenden. Es ist ein Tabu-Thema, an das sich kaum jemand so recht herantraut. Doch der Sex gehört zu Bangkok wie die Weißwurst zu München. Du wirst unweigerlich damit konfrontiert.

Selbst im Kloster sind SM-Tierspielchen aufgemalt

Mich erreicht das Thema, als ich eine intelligente deutsche BWL-Studentin treffe. Beim Cocktail im 45. Stock einer Skybar erzählt sie mir von ihrem Auslandsstudium und dass sich viele Kommilitonen hier besondere Massagen gönnen. Sie rät mir, meinen Aufenthalt unbedingt auch mit einem **„Happy End"** abzuschließen. Es sei billig und nirgends sonst sei das Service-Denken der Mädchen so ausgeprägt!

Nach der eifrigen Empfehlung bin ich etwas aufgewühlt, da zugebenermaßen ein ganz kleines bisschen angetan von der Idee. Der Sinn meiner Reise besteht schließlich auch darin, Neues zu probieren und Hemmschwellen zu überschreiten. Ich recherchiere ein wenig, doch mir wird schnell klar: Bezahlter Sex kommt für mich nicht infrage. Dennoch stolpere ich einen Tag später über ein Importangebot aus Japan: Eine Prostatamassage! Das klingt total abwegig. Zunächst. Aber dann ... Dann fängt es an in mir zu arbeiten. Ich bin neugierig geworden, schließlich gilt die **Prostata als „G"-Punkt des Mannes.** Zum einen ist es eine echte Herausforderung für mich, denn es braucht Überwindung, zum anderen sind keine „klassischen" sexuellen Handlungen mit einer Frau involviert. Und du bekommst die Massage hier sehr professionell in hygienischen Salons. Das Kopf-Ping-Pong geht wieder los:

Soll ich ...

... oder lieber nicht?

Es ist schon etwas merkwürdig ...

... aber warum eigentlich? Wer sagt das?

Es klingt ein wenig eklig ...

Andererseits hat schon Woody Allen gesagt:
„Sex ist nur schmutzig, wenn er gut ist!"

Meine Philosophie ist: Man kann alles einmal probieren, um sich eine Meinung zu bilden. Also warum nicht?

DAS STIMULIERTE MÄNNLICHE LUSTZENTRUM

Die Entscheidung ist gefallen. Äh, eigentlich. Denn statt „Po" übe ich mich im „Pro". Im Prokrastinieren: Irgendwie gibt es noch einiges zu tun, diesen oder jenen Text zu tippen – ich vertage die Massage von einem auf den anderen Tag. Wie das halt so ist, wenn man sich vor etwas Neuem und Unbekannten, das einem etwas Angst einflößt, drücken will.

Nun habe ich meine spezielle Massage schon bis Samstag hinausgeschoben. Das ist mein letzter Tag hier! Und da öffnet in Bangkok der größte, coolste und **günstigste Wochenendmarkt der Welt** seine Pforten. Klar, dass ich da vorher „mal kurz" hin muss ...

Nix mit Copy-Cats!
Bangkok hat viele kreative Designer.

Perfekt sitzende Designershirts für 1,50 Euro? – Mehr! Einen Marken-Rucksack für 10 Euro? – Her damit! Echte Ledergürtel für 5 Euro? – Gib mir fünf! Und nur noch die eine Ladengasse, dann schnell noch ...

Mein männliches Lustzentrum wird hier durch Ausschüttung von Schnäppchenjäger-Glückshormonen überstimuliert! Als ich auf die Uhr schaue, ist es bereits zwei. Um sechs muss ich spätestens am Flughafen sein. Okay, nur noch flink nach Jeans schauen ...

Ups, 15:30 Uhr. Das ist nun echt knapp! Mir bleiben noch zwei Stunden, um mir zwischen Armani-Imitat und Abreise einen Finger in den Allerwertesten stecken zu lassen. Hmm, klingt etwas unentspannt. ... Entschlossen greife ich meine fünf proppenvollen Einkaufstüten und springe ins Taxi.

Ich atme tief durch, seufze: „Einmal direkt zum Flughafen, bitte."

ONE WEEK IN BANGKOK

In Thailand praktiziere ich auch ein neues Ritual: **Wegwerfen.** Für mich ist die Reise auch ein Training im Abschiednehmen und Loslassen – von alten Verhaltensweisen, Tätigkeiten, Dingen. So habe ich 3 kg an überflüssigem Kram bereits in China gelassen. Im Flieger nach Bangkok „vergaß" ich dann meine Winterjacke, die mich durch den letzten Berliner Dauerfrost gebracht hat. Nun, kurz vor dem Weiterflug ist wieder Ausmisten angesagt, von Dingen, die ich auf der Reise nicht mehr brauchen werde: abgelaufene Malariatabletten, drei alte T-Shirts und diese komischen Turnschuhe, die ich immer mitschleppe, aber dann doch nie anziehe.

So werde ich es ab jetzt an jeder Reisestation machen: Dabei sein darf nur das, was wirklich noch genutzt wird. Neue Sachen dürfen eine Zeit lang per Anhalter mitfahren, dann heißt es Abschied nehmen. Ich habe auf Reisen schon öfters das Gefühl gehabt, dass mich ein zu voller Koffer schwerfälliger macht – die Transfers sind umständlicher, man kramt länger in den Taschen, verliert schneller die Übersicht. **Besitz hemmt!** Wer vorankommen möchte, muss Ballast abwerfen. Das merke ich auf der Reise sehr deutlich. Zugegeben: Anfangs fällt es etwas schwer, sich von Habseligkeiten zu trennen, die man vielleicht, irgendwann nochmal verwenden könnte. Doch bereits am nächsten Tag fühle ich, wie befreiend es ist ...

Tahiti + Moorea
Fiji
Tonga
Australien
Rapa Nui
Neuseeland

AM ENDE DER WELT

Auf Australien und Neuseeland war ich lange neugierig, in die Südsee wollte ich, um mal Tempo rauszunehmen. Doch ich war überrascht, WIE langsam die Welt sich hier manchmal dreht.
Das war Full-Stop!

AUSTRALIEN

Ausreisen, Ausreissen, Abhauen?

Mein erster Eindruck von Sydney: Das ist das bessere London! Die Architektur, die Straßennamen, die Pubs – all das könnte an jeder Ecke der britischen Hauptstadt zu finden sein. **Nur das Wetter ist geringfügig besser** (sonnige 25 °C einen Tag vor Silvester) – und damit das Gemüt der Leute. Die Menschen sind stets zum Smalltalk bereit, lachen und lächeln als gäbe es kein Gestern. Selbst ältere Frauen an der Supermarktkasse nennen mich liebäugelnd „Honey", „Sweetheart" oder „Darling".

Ich brauche ein paar Tage, um mich an die Sauberkeit in dieser Stadt zu gewöhnen. Ich spreche mit Claudia, 30, deutsche Auswanderin. Sie meint, dass die Leute hier freundlicher und friedfertiger sind. Markus, mein deutscher Gastgeber, betont das ebenfalls. Der **Auswanderer** schätzt, dass er hier morgens und abends vor und nach der Arbeit surfen kann. Das Leben sei leichter, sorgenfreier. Ich glaube, das stimmt. Natürlich gibt es immer auch Gegenbeispiele wie den besoffenen Australier, der nach der Silvesterparty eine Norwegerin neben mir schlägt, oder die mit Polizeiband abgesperrte Straße am Bondi Beach, wo – so munkelte man – jemand erschossen worden ist. Abgesehen davon führt die inoffizielle Nationalhymne Australiens nur zwei Wörter im Liedtext: **„No worries!"** Dieses „Keine Sorge, alles wird schon" hörst du hier in einer Taktfrequenz, die eine Dampflok neidisch machen würde.

Der begehrte australische Pass ist oft nur schwer zu bekommen. Du brauchst einen Visa-Sponsor, ein Unternehmen, das dich mindestens zwei Jahre lang beschäftigt und kräftig zahlt. Und Bürokratie gibt's auch hier. Besagte Claudia lebte einmal ein paar Monate in den USA und brauchte für ihren Passantrag eine Bestätigung vom amerikanischen

FBI – inklusive Fingerabdrücken, die mehrmals zurückgewiesen wurden, weil sie nicht lesbar waren. Johannes, ein Deutscher, der eine Japanerin in Australien heiraten wollte, telefonierte indes stundenlang im Nachbarzimmer mit deutschen Behörden. **Er musste nachweisen, dass er „heiratsfähig" ist**. *(Ich fürchte, ich würde so ein Zertifikat nicht bekommen!)*

Günstig ist der australische Traum gewiss nicht. Meine Freunde zahlen für eine 70-m^2-Wohnung 1.800 Euro im Monat (zugegeben: in bester Lage, direkt am Strand). Ein kleines Bier kostet 4,50 Euro, einmal Falschparken schon mal 100 Euro. Dafür sind die Lohnabzüge und Steuern mit ca. 30 Prozent vom Bruttoentgelt niedrig (in Deutschland bis zu ca. 45 Prozent) und die Gehälter hoch. Ich frage den Mitarbeiter eines Walbeobachtungsbootes, der dort ein paar Fotos schießt, die Eintrittskarten abreißt und die Web- und Facebook-Seite pflegt, nach seinen Einkünften. Er verdient um die 60.000 Euro in dem Dreivierteljahr, in dem er de facto nur arbeitet, denn die Wale nehmen sich auch eine lange Auszeit.

Nach zwei Wochen (Couch)-Surfen bei einem meiner besten Freunde ziehe ich weiter nach Norden und schnappe andere Facetten des australischen Aussteiger- und Auswandererlebens auf

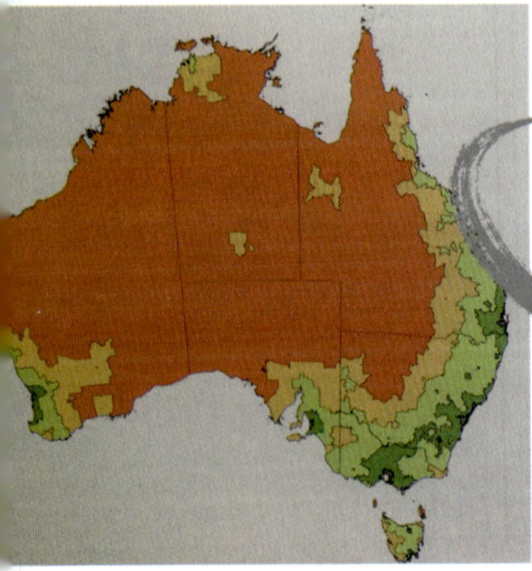

Diese Karte zeigt die Besiedlung des 5. Kontinents, der so groß wie Europa ist.

Legende:

Blaugrau:	Städte / Ballungszentren
Grün:	provinzielles Australien
Hellgrün:	entlegene Gebiete
Gelb:	weit entlegene Gebiete
Orange:	sehr weit entlegenee Gebiete

Aufgabe: Finde blaugrau!

AUSTRALIEN = *Hippieland*

BYRON BAY: HABITAT FÜR HIPPIES

Die Kleinstadt „Byron Bay" zwischen Sydney und Brisbane ist das Habitat für Neo-Hippies, Möchtegern- und echte Surfer und alle, die von dem bunten Kitsch und der Pseudo-Coolness was abhaben wollen. Worker & Traveller, aber auch Australier leben hier im Hostel. Ich werde in ein 4er-Abteil gepfercht – zusammen mit drei Mädels, die hier seit Längerem residieren und das enge Kabuff mit Kleiderständern zugestopft haben. Ich werde kaum beachtet – Frau ist es hier gewöhnt, jede Nacht einen anderen fremden Mann im vierten, nicht dauerhaft vermieteten Bett zu sehen. Stattdessen haben sich die Damen hier so richtig eingerichtet: Ihre Fotos von den **„3 Fs": Friends, Fools & Family** zieren die Wände wie in einem Studentenwohnheim. Bemerkenswert: In der am wenigsten vollgerümpelten Ecke steht ein vollständig geschmückter Weihnachtsbaum.

Als passendes Gimmick fürs Hippie- und „Hängengebliebenen"-Klientel fungiert ein Party-Bus, der täglich in die Berge fährt – zum Kiffen. Morgens sehe ich die jungen Dinger in den „Grasshopper"-Bus steigen – sie wirken aufgeweckt und fröhlich. Abends kommt er zurück – alle Insassen apathisch, als wäre gerade ihr bester Freund gestorben. Schon **seltsam,** dass man einen ganzen Tag investiert, um hinterher so fertig zu sein.

Mein abgerockter Hostelroom in Byron Bay ist kein sehr inspirierender Ort zum Schreiben. Daher sitze ich am Abend auf einer netten Picknick-Insel in Strandnähe. Alle (!) anderen Restaurants und Cafés haben jetzt, um 21:18 Uhr, bereits geschlossen. WLAN? Träum weiter! Das ist der Preis dafür, wenn du die Abgeschiedenheit suchst. Hier tanzt keine Kuh. Es steppt kein Pferd auf dem Flur. Nur die **Schlangen sind putzmunter!** Deswegen sitze ich auch gerade auf einer Bank, vorsorgehalber mit langen Hosen und angewinkelten Beinen. Denn als ich gestern Abend hier spazieren wollte, sah ich, wie sich vor mir eine zwei Meter lange Schlange räkelte. Da in Australien 15 der 20 giftigsten Schlangen dieses Planeten leben und ich außer diesem Schlaubi-Fakt keine Ahnung von diesen Viechern habe, will ich selbigen lieber nicht zu nahe treten.

BRISBANE: PERFEKTER ZOO FÜR BÜRO-HAMSTER

Brisbanes einfallslose stählerne Hochhäuser machen nicht viel her. Der Fluss, der die Innenstadt umfließt, schafft indes etwas Lebensqualität. Der Ort gehört auf keine Reise-to-do-Liste. Ich bin nur hier, um Freunde zu besuchen. Immerhin: Brisbane ist das ideale Gehege für Büro-Hamster, für Banker, ITler, Marketing-Menschen und -Berater, die sich hier munter in den Coffeeshops und den vielen Parks tummeln. Sie finden hier für sich und ihre Familien alles, was sie als Durchschnittsmenschen in ihrer Freizeit benötigen:

- ein Kino,
- ein Theater,
- ein Fußballstadion,
- eine Kunstgalerie,
- eine Restaurantmeile,
- dutzende Golfplätze,
- einen Vergnügungspark,
- einen künstlichen Dschungel,
- ein Messe- bzw. Kongress-Center,
- ein als Lagune gestaltetes Schwimmbad direkt am Fluss.

Alles liegt unmittelbar nebeneinander. Eigentlich ist es genau das, was mich in Berlin (noch) nervt: dass man ewig braucht, um irgendwo hinzukommen. Hier wird einem alles auf dem Tablett serviert. Und doch beschleicht mich gerade ein unbehagliches, fast unheimliches Gefühl beim Betrachten dieser Erste-Welt-Landschaft, in der man sein ganzes Leben vor sich hin dümpeln kann, ohne je kritische Fragen zu stellen.

Zugegeben – es ist schon nett: Kein Dreck, keine Slums. Hier kannst du direkt vom Gehweg futtern. Was mir allerdings fehlt: Künstler, Studenten, alternative Lebensentwürfe, die dieses perfekte Szenario immer wieder durchkreuzen, es infrage stellen. **Kontraste. Spannung. Subkultur. Lebendigkeit.** Das hier ist eine heile, aalglatte Welt.

AUSWANDERN, JA ODER NEIN?

Ich telefoniere mit meiner Freundin. Sie ist angetan, als ich ihr von der heilen Welt hier unten, den sauber-sonnigen Städten erzähle. Klar, auch wir überlegen gelegentlich, ob es nicht einen schöneren Ort zum Leben gibt als Berlin mit seinem windigen, nebligen, dunklen, 3 Monate andauernden Novemberwetter, das abgelöst wird von klirrender Winterkälte bis März. Und auch Peking, wo sie zurzeit lebt, ist mit seinem extremen Smog sicher keine gute Wahl für den Nestbau. **„Lass uns nach Australien ziehen!"** schießt es aus ihr heraus. Doch ich bremse sie. Ich spüre recht deutlich, dass für mich das Leben down under trotz der Verlockungen nichts wäre. Denn es ist vor allem: Weit under! Berlin ist 16.092 Kilometer Luftlinie entfernt. Ein Flug bringt dich in 24 bis 30 Stunden hierher, doch nur um dir die Entfernung zu versinnbildlichen: Zu Fuß wären es ca. 60.000 Stunden (9,2 Jahre) Marsch.

Mir würde einiges fehlen: Anschluss ans Weltgeschehen, meine Familie, Freunde. Mein Kumpel Markus schafft es, trotz theoretisch ausreichender Mittel, maximal einmal im Jahr seine Eltern in Berlin zu besuchen. Sicher, Freundschaften kannst du dir überall aufbauen. Aber es ist die Diversität, die ich zu Hause so schätze. Mein Bekanntenkreis in Berlin besteht aus Start-up-Gründern und Leuten, die um die 30 noch auf Arbeits- und Sinnsuche sind. Aus verrückten Turnern, Künstlern, Coaches, Designern, Agentur-Ameisen, Autoren, Yogalehrerinnen und 50+Freunden. Dieses bunte Allerlei macht meinen Alltag abwechslungsreich und spannungsgeladen.

Hier und in vielen anderen Städten werde ich das Gefühl nicht los, dass man fast nur Menschen desselben Schlages trifft ... Während ich so sinniere, wird mir bewusst, wie sehr ich mein Leben in Deutschland mag. Habe ich etwa **Heimweh?**

MEINE MISSION AM MISSION BEACH

Heute habe ich Geburtstag! Jedenfalls fühle ich mich so. In Wahrheit hab nicht ich, sondern Australien Geburtstag: Es ist „Australia Day". Am 26. Januar 1788 traf die erste Flotte mit englischen Strafgefangenen in Sydney ein. Für die „Aussis" von heute ist es ein willkommener Feiertag, um das zu tun, was sie die anderen Tage sonst auch tun: Im Sonnenschein grillen, Bier trinken und in jedem fünften Satz „no worries" sagen.

Meine Hochstimmung entstammt allerdings nicht dem Australia Day. Heute ist MEIN GROSSER TAG! Besser formuliert: ein hoher Tag. Ein 4.500 Meter hoher Tag, um ganz korrekt zu sein, denn ich stürze mich **heute aus einem Flugzeug! Auf meinem Rücken: ein Fallschirm und ein Typ, der behauptet, er wisse, was er da tut.**

Ein Song spukt mir im Kopf herum:
„Spürst du es auch, dieses Kribbeln im Bauch?"

Dieses Unbehagen, dieses flaue Gefühl im Magen ist für mich ein Zeichen, dass ich etwas wirklich will. Für mich ist es auch eine Art Wettstreit - gegen meine Angst, meine Sorgen, gegen meine Komfortzone und gegen meine Präferenz für Kontrolle. **Wenn du mit 200 Kilometern pro Stunde in die Tiefe rauschst, kontrollierst du nichts mehr!** Ich werde ganze 60 Sekunden lang im freien Fall der Erde und dem Wasser entgegensausen und dann nochmals 6 Minuten über dem Küstenpanorama schweben, um dann am Strand zu landen.

Jetzt bin ich freudig erregt – aber nicht nervös. Ich habe mir für die Entscheidung, Fallschirm zu springen, laaange Zeit gelassen, mich gründlich informiert und in Foren gelesen. Überzeugt hat mich einer der Tandemsprung-Anbieter, der sagte: „Ich bin 5.000-mal gesprungen und noch am Leben." Das klang ermutigend! Außerdem trifft man in Australien viele, die hier „ihr erstes Mal" hatten. Klar, die Leute, die es nicht überleben, die trifft man nicht mehr ... ähm ...

Tatsächlich beträgt die Komplikationsrate 1 zu 10.000 – über die Straße zu gehen ist gefährlicher. Zudem gibt es einen Notfallschirm, der automatisch in einer bestimmten Höhe aufgeht, falls der erfahrene Springer bewusstlos wird.

Also gut. Ich werde abgeholt. Das fühlt sich ein wenig an wie im Spielfilm. Plötzlich fährt die Polizei vor und führt den Bösewicht ab. Ich laufe schweigend mit. „Hier, unterschreib das." Der 7-seitige Vertrag sieht aus wie ein Kapitel meiner Doktorarbeit und ist übersät mit Kleingedrucktem. Grob heißt es darin, dass Fallschirmspringen ein Extremsport ist und ich draufgehen kann. **Na dann, wo soll ich unterschreiben?**

Einige Springer, die gerade am Strand gelandet sind, schlurfen ins Büro zurück. Sie sehen bleich und fertig aus. Sind fast nicht ansprechbar. Spaß sieht anders aus. Ich denke: „Dafür zahle ich 300 Euro, um hinterher so auszusehen?"

Wir steigen in den Flieger. Ich bin recht gelassen, denn ich springe ja mit jemandem, dessen täglicher Job das ist. Ein Freund von mir ist fast 1,90 Meter und hatte einen Tandem-Lenker von 1,70 Metern. Ich bin 1,70 und der Typ ist 1,90 Meter. Das beruhigt. Mein Springmeister ist heute auch schon siebenmal gehüpft, lungert entspannt im Sitz und checkt seinen Facebook-Status, als ob nichts wär. Das einzig Befremdliche ist, dass die Springer beim Abheben herumscherzen, blödeln und sich zum Spaß immer wieder die Gurte aufmachen, wie bei kleinen Jungs. Das ist nur semivertrauensbildend!

Ich sitze im Flieger, nun gibt es kein Zurück mehr.

Dann schnallt mir der lange Kerl hinter mir die Sicherheitsgurte an. Sie kommen mir etwas locker vor. Ich weise ihn darauf hin – er wackelt ein wenig dran und sagt: „Das ist gut so!" Wir fliegen weiter. Die Maschine steigt höher, die Häuser werden kleiner. Autos oder Menschen sind nicht mehr zu erkennen. Nun wird mir doch ein bisschen flau, zudem scheint mir dieser Schultergurt echt etwas lose. Schließlich werden wir uns gleich kopfüber aus 4.500 Metern Höhe stürzen, da hätte ich schon gern etwas zum FEST-halten. Ich teile es dem 1,90-m-Typen mit, der rüttelt nochmal halbherzig und erwidert etwas missmutig: „Vertrau mir, ich mach das schließlich jeden Tag!"

Ich schweige und versuche, ein wenig zu meditieren. Plötzlich geht die Tür auf. Ich sitze ganz vorn. Was ich nicht wusste: Wir müssen zuerst raus! – Wie bitte? Ich wollte doch erstmal bei den anderen schauen, wie es so läuft?! Ich bekomme Angst. Mir ist schlecht. Ich sage dem Typen erneut, dass mein Schultergurt gefühlt zu locker sei. Er rüttelt nochmal und stellt fest: „Ich glaube, du hast recht, der ist tatsächlich etwas locker." Und zurrt ihn fest. Wie bitte?

Nun sitzen wir an der offenen Ausstiegskante des Fliegers. Meine Beine baumeln in luftiger Höhe. Unter mir:

Nichts!

Ich soll in die Kamera schauen – habe Fotos beim Springen gebucht. Das ist mir jetzt scheißegal, ich habe andere Sorgen. Mein Flugbegleiter schreit mich an: „Smile." – „Ha, ha." Ich mühe mir ein gequältes Lächeln ab. Plötzlich verliere ich den Boden unterm Hintern und falle kopfüber ins Ungewisse.

Mein Körper dreht sich, ich sehe das Flugzeug über mir. Dann tippt mir mein Fluglotse auf die Schulter: „Kopf in den Nacken." Wir stabilisieren uns bereits nach einem Salto. Und rauschen nach unten. Es geht schnell. Adrenalin-Kick? Keine Ahnung. Ich habe keine Zeit, darüber nachzudenken.

Der Typ stresst mich: Ich soll immer wieder in die Kamera gucken, die an seinem Handgelenk befestigt ist. Na gut. Ich versuche es, aber meine Haut an den Wangen flattert wie eine aufgebrachte Gans im Fahrtwind.

Schnell wird mir das In-die-Kamera-Gucken zu blöd. Ich will den freien Fall genießen. Doch das überfordert mich. **Wie genießt man den Fall?** Ich habe darin wenig Erfahrung. Konzentriere ich mich auf die Geschwindigkeit, die Gegend, meinen Körper, den Flugwind?

Vom Geschwindigkeitsrausch spüre ich nicht viel – es fehlen die Wegmarkierungen. Alles ist so weit weg, dass ich nicht spüre, dass wir mit 200 Sachen dem Erdboden entgegenrauschen. Der Fallschirm ploppt auf. Vor dem Ruck hatte ich am meisten Angst, da ich befürchtete, es werde mir meinen Rücken schmerzhaft durchschütteln. Doch er war ganz sanft. Nun schweben wir über einer tollen Strandkulisse. Ich bin erleichtert – fühle mich wieder sicherer und kann den Augenblick ein wenig genießen.

Das Glück währt vielleicht eine Minute – da wird mir kotzübel und ich würde am liebsten nach unten reihern. Ich würde es auch SOFORT tun, wenn ich nicht wüsste, dass uns das Malheur im wahrsten Sinne des Wortes „um die Ohren fliegen" würde.

Endlich landen wir total sanft im Sand. Mir ist immer noch schlecht. Meine Hände, Arme, ... ich bin kreidebleich. Meine Füße fühlen sich an wie Blei. Ich soll aufstehen. Ich kann es nicht. Unmöglich! Ich bin zu schwach, zu durcheinander. Ich brauche Hilfe.

Mein Fazit? „**Machen!**" Der Mega-Kick blieb aus und das Ende war etwas unangenehm. Aber ich habe mir einen lang ersehnten Wunsch erfüllt. Er nagt nicht mehr an mir. Würde ich es nochmal machen? – Ja, wenn ich Lust und Gelegenheit dazu habe. Allein schon, um es etwas mehr zu genießen. Ich würde nicht mehr aus so großer Höhe springen – 4.500 Meter ist das höchste, was ohne Sauerstoffmaske möglich ist. Mir war wohl deshalb auch so schlecht am Ende, weil ich etwas empfindlich bei Höhenluft bin.

MEIN KOALA-LEBEN

In Thailand fiel es mir noch schwer, meine Texte und Ideen loszulassen. Ich arbeitete mehr als mir lieb war. Daher schrieb ich mir eine **„Not-to-do-Liste“.** Da stand ganz oben: „Nicht mehr als zehn Stunden pro Woche arbeiten!“ Das wirkt nun! Nach meinem Sprung weicht das Adrenalin dem entspannten Wohlfühl-Hormon Serotonin. Ich lese, döse, schlafe. Und so lebe ich hier ein **Koala-Leben:**

Koalas schlafen und dösen 18–20 Stunden am Tag, fressen drei Stunden und sind in Summe eine knappe Stunde wirklich aktiv. Was sollen sie auch tun? Es gibt ja keine Shopping-Malls, keine Dating-Apps und kein Fernsehprogramm für Koalas. (Dabei haben die possierlichen Tierchen gleich zwei Daumen an jeder Hand, was ideal zum Zappen und zum Playstation-Spielen wäre ...)

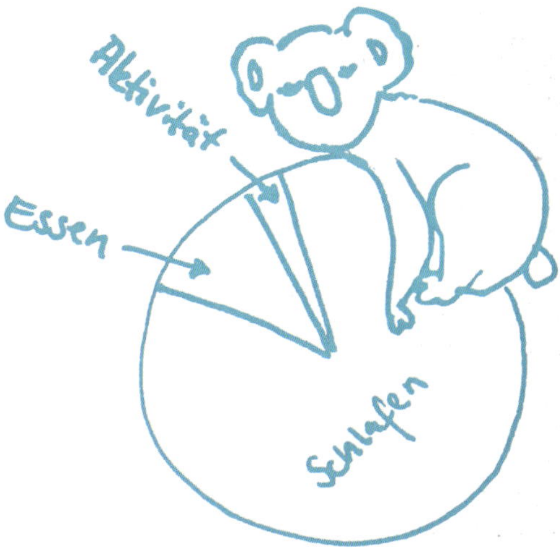

DIE BARRIERE AM GREAT BARRIER REEF

Ich bin nun die letzten 14 Tage die gesamte Ostküste entlang nach Norden gekraxelt, um hier in Cairns das Great Barrier Reef zu sehen. Stolze 1.700 Kilometer! Allerdings herrscht hier momentan Weltuntergangsstimmung. Ein **Zyklon** (langer, intensiver und stürmischer tropischer Regen) schüttet „cats and dogs" auf uns herab. Würde ich einen Wassereimer raus stellen, wäre der in 5 Minuten voll.

Am Morgen quäle ich mich müde um 7 Uhr aufs Tauchboot. Der Matrose begrüßt mich mit den Worten:

„Good morning, I have good news and
bad news for you."

**Bad news? So was kann ich heute nicht gebrauchen.
Nicht um diese Uhrzeit!**

„The good news is: You get your money back,
but the bad news is: The trip is cancelled!"

Ich wehre mich: Wieso gestrichen? Der Regen ist doch nicht schlimm und beim Tauchen – ha, ha – werden wir doch ohnehin nass! Er antwortet: „Okay, du kannst gern mit aufs Boot kommen und 3 Stunden durch 3 Meter hohe Wellen schippern, dir den Magen über der Reling rauskotzen. Mit einer 99-prozentigen Wahrscheinlichkeit werden wir aber aus Sicherheitsgründen nicht in der Lage sein zu tauchen."

Okay, okay. Verstanden. Fuck! Nun bin ich so weit hier hochgefahren und dann fällt mein Tauchtrip ins Wasser! Verschieben ist leider keine Option, denn ich habe bereits für morgen früh einen Weiterflug gebucht.

GESCHEITERTE DIALOGE II

Ich fotografiere ein chinesisches Touristenpärchen und wittere die Chance, mein Wissen aus den 3 Wochen Intensivkurs in Beijing anzuwenden.

Freudig frage ich:
„Nimen zai nar?“ („Woher kommen Sie?“)

Der Chinese antwortet:
„Sorry, my English is not that good.“

Uff! Tiefschlag. Ich w-i-e-d-e-r-h-o-l-e:
„Nim-en zaiiii narrrr?“

Kein Erfolg. Ich übertreibe die Aussprache noch mehr und singe förmlich:
„Nimén zaí naâ, tralllalla??“

Endlich eine Antwort:
„Oh, you speak Chinese, velly good!“

Puh, mein Stolz ist gerade noch gerettet – aber heute war nicht mein Tag!

DIGITALER DEUTSCHER VS. AUSTRALISCHE ARBEITSMORAL

Ich trotte zurück. Halbwach will ich den Tag nutzen, um zumindest ein wenig zu schreiben. In der Jugendherberge – bei laufendem Fernseher – ist keine Option. Zudem brauche ich ein verlässliches Text-Produktionsmittel: KAFFEE! Nach langem Suchen finde ich ein liebloses Café. Kaum bin ich richtig im Denkfluss, schließt es. Ein Café, das zur Kaffeezeit – 14:30 Uhr – schließt? **Australier sind Barbaren!**

Nach einer halben Stunde Herumstreunern entdecke ich ein französisches Café. Tolles Ambiente, nette Leute, großer Tisch. Perfekt. Koffein pulsiert nun in meinen Adern, ich texte, formuliere, bin glücklich. „Sorry Mister, we are closing in 15 minutes!" – Was? Wollen die mich veralbern? **16:45 Uhr. Und ich stehe wieder auf der Straße!** Oh Mann! Auch ein digitaler Nomade sehnt sich nach ein wenig Struktur! Ich komme mir heute ausgegrenzt und obdachlos vor.

Um mir nach dem Pleite-Tag etwas zu gönnen, gehe ich ein wenig shoppen. Ich brauche eine neue Kamera, eine Sanddüne hat mir den Zoom meiner alten kaputt gekrümelt. Im Elektronikladen empfängt mich ein unmotivierter Verkäufer, der mir nur unwillig die Funktionen meiner Wunsch-Kamera erklärt. Kurz darauf weiß ich, warum. **Es ist gleich 17 Uhr. Feierabend!** – Wie bitte? Jap, 17 Uhr machen sämtliche Geschäfte dicht! Wir sind mitten im Zentrum, am Busbahnhof! Da hatten „wir" im Sozialismus eine höhere Arbeitsmoral!

Was für einen Lifestyle die Aussies haben! Meine drei Freunde, die alle eine verantwortungsvolle Position hier besetzen und richtig viel verdienen, gehen um 18 Uhr nach Hause. Jeden Tag! Markus arbeitet die erste Woche nach Neujahr im Home-Office, Jochen macht sein letztes tägliches Team-Telefonat vom heimischen Sofa aus und Clarissa hat ohnehin täglich um 17 Uhr Feierabend.

Während ich diese letzten Zeilen im einzigen trockenen Raum der Herberge schreibe, schaltet jemand den Fernseher ein. Dort flimmert ein Bericht zur Wetterlage über den Schirm. Ein schlimmer Zyklon formt sich gerade über der Nordküste. Der Oberbürgermeister von Cairns wird interviewt. Hausbesitzer sollen ihre Vorgärten aufräumen, damit morgen keine Campingstühle durch die Straßen fliegen. **Auch in Australien gibt es also nicht nur Sonnenschein!** Irgendwie beruhigend ...

20 Millionen Jahre Evolution der menschlichen Rasse: Dennoch hat sich im Kern nicht viel verändert ...

MELBOURNE: DAS BERLIN DER SÜDHALBKUGEL

Melbourne. Am südlichsten Punkt meiner Australienreise ist auch meine **Stimmung am Tiefpunkt.** Es liegt nicht an Melbourne – oder doch? Melbourne ist das Berlin der südlichen Hemisphäre: eine Stadt mit Lifestyle, netten Menschen, coolen Cafés, kreativen Läden und Boutiquen, Street-Art, vielen französischen und italienischen Einflüssen – sehr europäisch. Doch Melbourne packt noch eins drauf: Neben dem besseren Wetter hat es einen sensationellen Strand, an dessen Himmel sich unzählige bunte Surf-Drachen tummeln. Es ist toll hier.

Doch ich bin traurig. Ich vermisse Berlin, meine Freundin und ein wenig Regelmäßigkeit. Ich laufe zur Straßenbahn – sie entwischt mir knapp. Mir steht das Wasser in den Augen, ich fange gleich an zu heulen! Und tatsächlich tropft die erste Träne auf den heißen Asphalt. **Wenn dir Kleinigkeiten zu schaffen machen, weißt du, dass etwas Großes nicht stimmt!** Und schon geht der Vorhang auf im Kopfkino:

Warum tue ich mir das an?
Was will ich mir beweisen?
Wie lange kann ich noch so leben?

Wenn mir jetzt jemand ein Heimflugticket anbieten würde – ich weiß nicht, was passieren würde …

Ich streune durch eine kreative Straße, coole Klänge verfangen sich in meinem Ohr. Ein Straßenmusiker, der sich „Mars Madness" nennt, produziert tollen abgefahrenen Sound: eine Mischung aus Elektro und Hip-Hop. Ich bleibe stehen, lausche, genieße. Ich kaufe eine CD von dem Verrückten und komme mit ihm ins Gespräch. Mir fällt etwas Vertrautes in seinem Englisch auf.

„Bist du Deutscher?"
– „Ja, Mann, du hast es erkannt!"

Mark kommt aus Potsdam und wir sind im selben Monat geboren! Zufälle gibt es! Ich lade Mark zum Abend-Bierchen ein. Er hatte in Potsdam ein Bistro geleitet, fühlte sich dann aber von seinem Chef verarscht – durch falsche Versprechungen und zu wenig Bezahlung. Also ist er gegangen. Weit weg. Und lange: Drei Jahre ist er nun schon unterwegs und hat sein Lebensmodell gefunden: Im australischen Sommer ist er hier unten in Melbourne und verdient sein Geld mit Straßenmusik und ein paar verkauften CDs. Das laufe gut, sagt er. Vor allem am Wochenende. Diese Saison will er nur noch am Wochenende hier arbeiten. Unter der Woche ist er im Studio, um seine Musik zu produzieren. Und dann reist er im „Winter" nach Südostasien und genießt einige Monate sein Leben dort. Wow!

Ein wenig bedrückt ist er dennoch: Seine Freundin, die er in Bangkok kennengelernt hat, ist nun zurück in Frankreich – er vermisst sie sehr. Aber sonst ist „alles roger". „Ja, ja", sagt er, „nach ca. 3 Monaten Reise überkommen dich Zweifel und Heimweh – du wirst reisemüde." **Meine Trübsal-Phase sei vollkommen normal,** tröstet mich der Vollzeitvagabund.

„Ich gehe jetzt wieder arbeiten", sagt Mark. Er setzt sich auf die Straße und mixt seine Beats weiter.

Endlich eine verwandte Seele! Diese Begegnung klebt ein Pflaster über mein blutendes Herz. Ich komme zurück und bin ausnahmslos happy! **Reisen ist ein klein wenig wie Glücksrad. Manchmal kann ein winziges Erlebnis deinen Reiseverlauf vollkommen verändern!**

Ein Strand. Ein Bier. Ein Board.
Australien mit einem Bild erklärt.

IST AUSTRALIEN EIN MUSS?

Australien ist ein Traumland und beliebt bei deutschen Aussteigern. Tatsächlich: Wer Sonne, Grillen, Biertrinken und Smalltalk mag, wird Australien lieben! Australien verspricht Lifestyle, Ausbrechen, Andersartigkeit. Für mich war es toll, erstmalig „down under" zu sein, und ich hatte viel Spaß mit meinen Freunden – aber auch viele nachdenkliche und einsame Momente. Sicher auch, weil das Alleinreisen erst hier so richtig losging: In China besuchte ich ja meine Freundin, in Thailand kam sie nach, in Sydney und Brisbane besuchte ich deutsche Freunde. Erst danach war ich komplett auf mich allein gestellt.

Es gibt schöne Ecken hier unten, keine Frage: Die Whitsunday Inseln sind atemberaubend, mit einem selbstgesteuerten Jeep auf einer Sandinsel wie „Fraser Island" zu cruisen, fühlt sich großartig an, und die Nordstadt von Melbourne oder die Oper von Sydney zu sehen war auch nicht schlecht. Doch in Summe fand ich **Australien kulturell so spannend wie das Steuergesetz von Sachsen-Anhalt.** Wer Kirchen und englische Architektur mag, kann sich 23 Flugstunden sparen und nach England fliegen. Für tolle Strände ist man schneller in der Karibik oder im Indischen Ozean. In Südostasien gibt es reichhaltigere und weniger gefährliche Tauch- und Schnorchelreviere.

Zweifellos ist für junge Backpacker, die hier „worken-und-traveln" oder einfach nur die Zeit bis zum Studium überbrücken wollen, Australien (und Neuseeland) ideal: Du triffst viele Gleichaltrige und Gleichgesinnte, es ist sehr sicher (bis auf die Krokodile am Strand in Cairns) und der Kulturschock hält sich in Grenzen. Irgendwie gehört Australien als eigener Kontinent zu einer „klassischen" Weltreise einfach dazu – aber wenn ich nochmal wählen könnte, würden mir 14 Tage Sydney-Melbourne-Ayers Rock genügen.

FIJI

Burn? Out! Mein Anti-Zeitmanagement

Ich wollte unbedingt in die Südsee. Keine Region erschien mir exotischer, entspannter, reizvoller. Und wie durch ein Wunder finde ich an der Südküste der Insel Fiji bereits am zweiten Tag mein **persönliches Paradies!** Das Backpacker-Resort mit dem schlichten Namen „Beachhouse" bietet mir alles, was mein zivilisationsmüdes Herz begehrt: bequeme Hängematten unter Traumpalmen, einen ausgedehnten Strand ohne Menschen, ein Korallenriff vor der Haustür und eine der besten Surfstellen der Region. Mein Zimmer hat eine Open-Air-Dusche mit eingebautem Meeresrauschen. Coole Gäste, regelmäßige Spontanpartys, Billardtisch und Beachvolleyballfeld führen zu einer perfekten Symbiose aus Entspannung und Abwechslung.

Natürlich ist dieser Ort nicht perfekt: Die Cocktails schmecken grässlich. Die Surfstelle auf den spitzen Korallen ist recht gefährlich, mein Bungalow liegt nicht direkt am Strand – bla, bla, bla. Ich könnte dies als Schwachstellen ansehen – tue es aber nicht. **Ich bin nicht mehr Deutscher, ich bin Entspannter.**

KAVA UND KUCHEN

Ich bekomme vom Dorfältesten der Nachbarsiedlung eine Einladung zum 18. Geburtstag seiner Nichte. In Fiji wurde bis vor nicht allzu langer Zeit Kannibalismus zelebriert und ein Teil der Ehen wird hier arrangiert. Deswegen weiß man bei so einer Einladung nie so recht, ob man zum oder als Essen bzw. als Gast oder Bräutigam eingeladen wird. Klingt spannend. **Ich sage „ja".**

Abends kraxele ich bei Ebbe über die Steine am Strand zum Nachbardorf. Ich komme eine gute halbe Stunde zu spät – und bin dennoch viel zu früh dran. Zum Zeitvertreib lädt mich Jiuta, der Dorfälteste, in seine Hütte ein. Dort erzählt er mir ein paar Dinge über seine Familie. Dann greift er zur Bibel und spricht ein 15-minütiges Gebet für mich. Darin wünscht er mir Glück und Gesundheit für meine Weltreise. Wie nett!

Nur nochmal, damit ich es auch wirklich begreife: Ich sitze 15.833 Kilometer von zu Hause entfernt in einer spartanischen Hütte, in der es außer Tisch, Stühlen, Herd und Hängematte keine Möbel gibt. Der Dorfälteste gewährt mir eine **Exklusiv-Audienz.** Wir lachen und scherzen. Ganz wie beim Kaffeekränzchen bei meinen Großeltern. Wie hautnah sich der fremde Ort anfühlt. Es ist ein Geschenk, so etwas zu erleben!

Edi zeigt mir seine
Muskeln. (Eitelkeit ist eben
auch international).

eide Damen sind
ngeblich noch zu haben.
? - So spontan konnte
h mich nicht entscheiden
nd ging allein nach Hause.

her nehme ich jedoch noch schnell eine
a-Kraftbrühe ...

... und lasse mich dann von der
Dorfjugend nach Hause chauffieren.

Die Geburtstagsparty verspätet sich weiter. Ich greife zur Bibel in Fidschi-Kauderwelsch und lese selbst ein wenig daraus vor. Das sorgt für Kurzweil, ich fürchte dennoch, dass es nicht zum Missionar reicht.

Endlich geht es los. Wir laufen in eine andere Hütte. Hier sind alle versammelt: Onkel, Tanten, Väter, Töchter, Enkel, Kind und Kegel. Auch dieser Raum hat keine Möbel – die Wände sind mit Pappkartons tapeziert, auf denen steht: „Handle with care". Viele der Anwesenden tragen keine traditionelle Kleidung, sondern Werbe-T-Shirts oder ausrangierte Kellnerschürzen mit den Aufschriften „Outrigger on the Lagoon" und „Warwick Resort". Was man hier halt so bekommt.

Nach einiger Zeit undurchschaubaren Getümmels wird kurz „Happy Birthday" gesungen und der große Geburtstagskuchen verputzt. Nach fünf Minuten wird das Geburtstagskind von niemandem mehr beachtet. Die Hauptattraktion des heutigen Abends steht in der Mitte des Raums: eine große Schüssel mit versifft-brauner Brühe. Die Brühe heißt „Kava" und wird aus einer Wurzel gewonnen, die ich als „Geburtstagsgeschenk" mitbringen sollte. Und so sieht das Schmuckstück aus ...

Meine neue Freundin:
Die Kava-Wurzel.

„Was hat die, das ich nicht hab?"

Argwöhnisch kommentiert
meine Freundin das Foto.

Tja ...

Die Wurzel wird zermahlen und mit Wasser verrührt. Heraus kommt ein braun-brühiger Betäubungscocktail, der nach wenigen Schlucken die Zunge taub werden und die Schultern entspannen lässt. Vor Jahren gab es auch bei uns Kava-Kapseln als Beruhigungsmittel für Prüfungen. Ungeachtet dessen, dass die Einheimischen abendlich gut 20 Kokosnussschalen voll davon trinken, sind Kava-Präparate bei uns inzwischen verboten. Scheinbar besteht die Gefahr einer Nierenschädigung.

Das Resort hat einen weiblichen Welpen und einen älteren Rüden. Eines Nachmittags will der Rüde die Hündin begatten. Doch die weicht aus und will lieber spielen, deswegen beißt sie den großen Hund in die Schnauze.

Ich sage zu meiner Gesprächspartnerin:
„Look! The dogs cannot decide whether they want to fuck or fight."

Sie antwortet:
„Sounds like a normal relationship."

FIJI-TIME

Die eigenwillige „Fiji-Time" ist hier sprichwörtlich. Einheimische antworten auf die Frage nach der Ankunft des Busses schon mal mit **„I don't know, it's on Fiji-Time".** Das ist hier so tief verankert, dass es sogar entsprechende Uhren zu kaufen gibt:

„Wen kümmert's?" In der Südsee folgt das Leben einem anderen Rhythmus.

Ich spüre, was es heißt, mit der nicht-tickenden Fiji-Uhr zu leben. Als ich zum Beispiel um 15:45 Uhr eine Massage buchen will, hebt die Rezeptionistin misstrauisch eine Augenbraue, schaut auf die Uhr, dann zu den Masseurinnen und meint: „Mach doch lieber morgen, die Mädels haben gleich Feierabend!" Mein ungläubiges Kopfschütteln liegt daran, dass „gleich" 17 Uhr bedeutet. Statt mich noch dranzunehmen, machen sie lieber über eine Stunde vorzeitig Feierabend. Unglaublich! Die Menschen hier sind arm, wollen aber auch nicht auf Krampf Geld verdienen. Das nenne ich mal E³: **E**ine **e**ntspannte **E**instellung.

Auch beim Mittagessen erlebe ich das Eigenleben der Fiji-Time. So bestelle ich nach zwei wartend-hungrigen Tagen mein Mahl bereits um 11, damit es um 12:30 Uhr da ist, wenn ich essen möchte.

Mein absolutes Highlight ist allerdings die Programmvorschau im Fernsehen. Da steht auf dem Bildschirm:

Now: Wedding-TV
Later: News
Then: Sports

Das wäre ungefähr so, als stünde bei der ARD als Programmvorschau:

Jetzt: Tagesschau
Dann: Spielfilm
Danach: Tagesthemen

Unser Zeitkonzept in den Industriestaaten ist linear. Wir „**monochron**" orientierten Zeitgenossen schätzen strukturiertes, effizienzorientiertes Handeln. Ungeplante Ereignisse verunsichern uns leicht. Wir beschweren uns ja schon, wenn ein Zug mal 5 Minuten zu spät kommt (ha, ha – hier gibt's ja noch nicht mal Züge).

Fiji-Time hingegen ist **Anti-Zeitversessenheit.** In der Kulturforschung nennt man das ein „polychrones" (vielzeitiges) Zeitgefühl. Demnach geschehen die Dinge auf eine natürliche Art und Weise, wenn die Zeit reif dafür ist: Der Bus fährt ab, wenn er annähernd voll ist. Das kann früher oder später als zu der veranschlagten Zeit sein. Der **polychron** orientierte Mensch empfindet Zeit als unbegrenzte Ressource, die sich wiederholt und zyklisch verläuft. Weil Zeit hier etwas sehr Abstraktes ist, haben menschliche Beziehungen und Bedürfnisse Vorrang. Deswegen haben meine Massage-Ladys lieber ihren Small-Talk beendet als mich schweigend durchzukneten.

Natürlich ist das erstmal ungewohnt. Aber ich lasse mich nur zu gern von der Fiji-Time anstecken! Das war schließlich ein wichtiger Grund, warum ich in die Südsee wollte: Ich versprach mir etwas **Entschleunigung**. Auch wenn das Wort an sich total abgedroschen ist, fühle ich seine innerste Bedeutung an einigen Stellen deutlich: Schnelles Laufen macht hier z. B. überhaupt keinen Sinn. Überall könnten scharfkantige Steine liegen.

Am Strand und auf dem Riff habe ich mir schon so oft die Zehen angehauen, dass ich mich inzwischen sanft und vorsichtig tastend wie eine Katze bewege.

Zudem lerne ich auf schmerzhafte Weise, dem Rhythmus der Zeit mehr zu vertrauen. Ich bin heute spät aufgestanden und wollte unbedingt noch schnell surfen gehen. Bei Ebbe und Flut gibt es hier einen Höhenunterschied von einem Meter, und so war beim Abklingen der Gezeiten der Wasserstand so niedrig, dass ich mir beim Abgang vom Surfbrett fast den Arm gebrochen habe. Mein kompletter Unterarm war blutig und ich schwamm schnell ans Ufer – wer will schon die Haie provozieren? Eine bis in die unterste Hautschicht einprägsame Lektion, die mich lehrt: „Timing ist alles." Und eine Bestätigung dafür, dass mich ein stures „**Ich-will-mit-dem-Kopf-durch-die-Wand-Handeln**" oft sehr viel Energie und Kraft kostet. Dann doch lieber entspannt abhängen.

MEIN TAG

Nach drei Wochen in Fiji schleicht sich langsam Routine in meinen Tag ein:

Punkt 4:30	lautstarkes Vogelzwitschern im Dschungel nebenan – ignorieren.
Gegen 8:45	**das erste Auge einen Spalt weit öffnen – sofort wieder schließen.**
Gegen 9:00	das zweite Auge aufblinzeln lassen – sofort wieder umdrehen.
Irgendwann	zum Frühstück trotten.

Bei Flut	**surfen**.
2h später	mit letzter Kraft ans Ufer paddeln.
Nachmittags	wahlweise schlafen, lesen, durchkneten lassen, tauchen, tippen.
Danach	Afternoon Tea, Smalltalk auf Französisch versuchen – scheitern.
16:00	im **Beachvolleyball** die Einheimischen verbraten.
18:00	Sonnenuntergang mit einem kühlen Bier in der **Hängematte** genießen.

Abends	Familie, Freunde, Mitarbeiter über Skype zu Hause wecken (11 Stunden Zeitunterschied), Fotos sortieren, **E-Mails ignorieren**, Billard spielen.
21:00	Einladung der Australier zum Wetttrinken ablehnen.
22:00	Erneute Einladung der Australier zum Wetttrinken ablehnen.
23:00	Abendmeditation im Mondlicht am Strand.
Wenig später	**mit Wellenrauschen im Ohr wegdösen.**

MEDITATIONS-MARTIN

Ich weiß nicht mehr, wie ich zur Meditation gekommen bin. Sie kam zu mir. Viele glauben ja noch, Meditation sei irgendwas Esoterisches, eine Art Hype, Sinnfindung für Spinner. Alles Blödsinn. Meditation ist eine der besten Konzentrations- und Stressmanagement-Methoden, die ich kenne.

Wie das funktioniert? Man beobachtet sein Gehirn bei der Arbeit. Woran denkt es? Woran hängt es? Dabei beäugt man neugierig alles, was in einem vor sich geht – ohne es zu werten. Wir nehmen einfach nur alle Gedanken, Gefühle und Empfindungen des Körpers wahr. Beobachten, was damit geschieht, und lassen es dann wieder los. Damit etwas Abstand von diesen inneren Vorgängen gewinnen und realisieren: **Wir sind nicht unsere Gedanken.**

Grübelkreise lassen sich so durchbrechen, Gefühls-Karusselle langsamer drehen. Theoretisch. Das verlangt natürlich einige Übung. So versuche ich, jeden Abend zu meditieren. Das fällt mir nicht leicht. Die Gedanken rasen nur so davon. Sie haben mich im Griff. Daher wandele ich die Meditation etwas für mich ab und gebe mir eine gewisse Struktur:

- Ich meditiere ca. 10 Minuten, bis ich es schaffe, einmal nur auf meinen Atem konzentriert bis Zehn zu zählen.

- Ist das geschafft oder realisiere ich, dass es gerad gar nicht klappt, laufe ich einige Minuten am Strand. Dabei denke ich über die Sache nach, die mich am meisten abgelenkt hat.

- Dann geht es in die nächste Stillatmen-Runde.

- Es folgen wieder ein Spaziergang und Atemrunde drei.

Dieser Rhythmus bekommt mir gut und ich schlendere immer öfter sehr entspannt und befreit gen Bettchen.

DIE KRAFT DER GEGENWART

Passend zu meiner Meditations-Mission lese ich dieser Tage „The Power of Now" von Eckhart Tolle. Seine Kernaussage: Der einzige Moment, in dem du glücklich sein kannst, ist: JETZT! Viele Menschen reden sich in ihrer Fantasie eine bessere Zukunft ein, schwelgen im „Wenn-und-Hätte" der Vergangenheit oder grübeln ständig. So verpassen sie das Genießen, das Leben im Hier und Jetzt.

Um den Sorgen-Cocktail im Kopf etwas klarer zu mixen, finde ich Eckhart Tolles' Frage: **„Hast du jetzt ein Problem?"** enorm hilfreich. Natürlich ist die Antwort darauf meistens: „Nein." Meditationsübungen machen mir bewusst, dass ich ständig plane, argumentiere, und mir um Dinge Sorgen mache, die überhaupt noch nicht geschehen sind. Es gibt dazu eine nette Statistik, die ich bereits in meinem Buch „Golden Rules" erwähnt habe. Wahrscheinlich handelt es sich hier um einen urbanen Mythos (eine wahrscheinlich erfundene Statistik ohne Quelle). Eigentlich sollte man so etwas nicht zitieren. Aber ob wahr oder nicht, gefühlt stimmt es und deswegen sind die Zahlen durchaus hilfreich:.

Demnach sind **von den Dingen, über die wir grübeln und uns ärgern,**

- 40 Prozent Dinge, die nie geschehen werden.
- 30 Prozent Dinge, die in der Vergangenheit liegen.
- 12 Prozent unbegründete Sorgen um die Gesundheit.
- 10 Prozent Aufregung über unwichtige Angelegenheiten.
- 4 Prozent Dinge, die uns zwar betreffen, die wir aber ohnehin nicht ändern können.

Es verbleiben **vier Prozent an Dingen, die wir wirklich beeinflussen können.**

Eine weitere hilfreiche Frage um die kleinen und größere Grübeleien aus einer entspannteren Perspektive zu sehen ist: **„Ist das, was mich gerade beschäftigt, in einem Jahr noch relevant?"** Die Antwort ist meist: „Wahrscheinlich nicht!". Mit solchen Fragen stoppen wir zwar nicht komplett destruktive und unsinnige Gedanken, wir lenken unseren inneren Dialog allerdings in eine objektivere Richtung.

Ich erfülle mir einen Schriftsteller-Traum und tippe gelegentlich mal ein paar Zeilen am Strand. Das macht besonders Spaß mit dem Pausenspielzeug (Board & Schaukel).

Mein persönlicher Sekretär (rechts unten) ist allerdings manchmal noch recht verbissen. Wir arbeiten dran!

CAR-PUTT

Ein Abend im Beachhouse. Wir sind in geselliger Runde. Blicks, der Barkeeper, gewinnt den Billard-Wettbewerb. Hauptpreis: eine große Karaffe Bier. Ein ziemlich doofer Preis für einen Barkeeper! Das erkennt auch er und weil er mich mag, schenkt er mir die Karaffe. Das ist nicht nur nett, sondern wird sich sogar als gesundheitsrettend erweisen ...

Am nächsten Vormittag regnet es heftig. Wir sind mitten in einem Zyklon. Hier vor Ort zu surfen, wäre bei drei Meter hohen Wellen Leichtsinn. Ratu, der Surfcoach, lädt mich ein, mit zum einzigen Anfänger-Surfstrand der Insel zu fahren. Der liegt geschützt in einer Bucht, die Wellen sind dort moderat, der Regen egal (man wird beim Surfen ja eh nass). Ich würde gern, er drängelt aber, dass es gleich losgehen müsse. Ich höre auf mein inneres Entscheidungs-Komitee, diesmal sind es nicht Krengelchen und Teufelchen, sondern mein Kater-Kopf (*brumm!) und mein hungriger Bauch (*grummel!). Keine Chance! Ich gebe meinem **„Bauchgefühl"** Vorrang und frühstücke gemütlich.

Zweifel plagen mich: Ob ich nicht etwas hätte in die Hand nehmen und den Tag nutzen sollen? Ich hänge die ganze Zeit unmotiviert in der Gegend rum – Lesen ist irgendwann langweilig, Schreiben ist auch nicht möglich, weil es im Resort keinen einzigen trockenen Tisch mehr gibt.

Während ich mein Nichtstun etwas bereue, fährt die Surfcombo los. Die Kalifornierin, die gestern gut mitgetrunken hat, verkündet lautstark, dass sie zum ersten Mal auf der linken Seite fährt (Fiji hat Linksverkehr). Was sie nicht daran hindert, ihre Unsicherheit durch einen kräftigen Tritt aufs Gaspedal zu kompensieren. Das geht 5 Minuten und 10 Kurven gut. Dann:

Dauerregen + bergab + Kurve + Bremsung = **oho, gar nicht gut!**

Der Wagen schlittert, aquaplant, dreht sich zweimal heftig um die eigene Achse. Demolierte Surfbretter, zersplitterte Scheiben, mehrere Hundert Euro unversicherter Schaden plus heftige Prellungen und ein Halsschleudertrauma für diejenige, die den kaputten Sicherheitsgurt erwischt hatte.

Ich habe meinen starken Kater nach dem Alkohol immer verflucht. Heute war ich meiner schwachen Leber sehr dankbar. Fazit: **Manchmal ist Nicht-Handeln besser als Handeln.**

DIE STEIN-STRATEGIE

Ich bin ein Stein. Der Wind umweht mich. Das Rauschen des Meeres liegt in der Luft. Ab und an kommen Wellen, die einfach über mich drüberrollen. Über Jahre haben sie mich rund geschliffen. Ab und an werde ich von Einheimischen oder Touristen getreten – was ich mit einem müden, innerlichen Lächeln quittiere. Egal wie stürmisch es ist, ob warm oder kalt, ich bin immer ausgeglichen, ruhig. Ich bin der Fels in der Brandung!
Während ich diese Meditation auf meinem Lieblingsbaumstamm hockend, mit Blick gen Meer, vollführe, schweifen meine Gedanken ab. Ich habe gerade die „Stein-Strategie" des Holm Friebe gelesen. Der Berliner Ökonom beschreibt darin, **was in stürmischen Zeiten oft passiert, wenn man nichts tut: Nichts.**

Ich erkenne für mich das Nicht-Handeln als weitere wertvolle Alternative in meinem Zeitmanagement. Mein Verharren im Beachhouse ist ja selbst Teil der Stein-Strategie: Denn anfangs checkte ich als bekennender Multi-Optionalist, Perfektionist und Optimierer natürlich, ob die anderen Resorts besser bzw. günstiger sind oder gute Cocktails mixen können. Mein Optimierer-Kopf flüsterte mir: **„Es heißt ja Weltreise, nicht Weltrast".** Dann sah ich Bilder von anderen Fiji-Inseln und Resorts: Der Strand war genauso schön, der Preis gleich, die selbe Kultur – es schien nicht sinnvoll einen Tag Weiterreise dafür zu investieren, am Ende genau dasselbe zu haben – oder meine Situation zu „verschlimmerbessern". Perfekter als Perfekt geht schlecht. Mir wurde klar, dass ich **mit jeder Minute, die ich versuche, eine bessere Option zu finden, die Qualität des Hier und Jetzt mindere.**

Gute Entscheidung! Je länger ich an meinem Ort blieb, desto mehr überzeugten mich die Reiseberichte der anderen, dass ein Wechsel sich nicht lohnt. Einige kamen sogar wieder – schlecht geführte Resorts, Bettwanzen und mieses Essen führten sie zurück in mein Paradies.

Unser westliches Paradigma lautet: „höher, schneller, weiter, mehr!" Mehr! Mehr! Neue, bessere Quartalszahlen bitte! Ohne Pause. Ohne Sinn. Ich glaube, das ist ein Grund, warum ich nicht mehr als Angestellter arbeiten möchte. Zwar bin ich Verfechter der freien Marktwirtschaft, Ökonom mit Leib und Seele. Aber ich habe nie verstanden, warum man auf Krampf immer mehr Marktanteile, Länder, Produkte entwickeln und immer weiter vorantreiben muss. **Diese Rast- und Ziellosigkeit macht einen ja irre.**

Mir wird klar, dass es wahrscheinlich mehr bringt, eine Woche am Strand zu liegen und über den nächsten großen Schritt nachzudenken, der die 10-fache Wirkung in meinem Leben bzw. Geschäft hat, als mich von den vielen kleinen Sachen ablenken zu lassen, die sonst tagtäglich so um einen herumwirbeln. Wie beim Gepäck gilt es auch bei Aufgaben Ballast abzuwerfen – oder zu Deutsch: Prioritäten zu setzen. Und in meiner Hängematte unter Palmen spüre ich ganz deutlich, **welche Wunder die Distanz und ein freier Kopf bewirken können,** um Dinge neu zu gewichten. Um ein besseres Gefühl dafür zu bekommen, was mir wirklich wichtig ist.

HIMMELHOCHJAUCHZENDES FERNWEH

Eine Reise ist ein Auf und Ab. An einem Tag hast du Hummeln im Hinterteil, am anderen bist du träge wie ein Koala. Mal geht es dir richtig gut, mal schlurfst du unmotiviert durch die Gegend. Heute geht es gleichzeitig „Auf & Ab". Ich verlasse das Beachhouse! Nach einem Monat. Nun sitze ich im Bus – mit Tränen in den Augen **und** mit einem Lächeln auf den Lippen. Meine Gedanken schwanken von total glücklich („Yeah, neue Abenteuer!") bis zu trübselig („Das war mein Paradies!").

In diesem emotionalen Trubel wird mir klar: **Reisen ist eine Gefühlswelle, die dich überschwemmt.** Reisen ist großartig. Reisen ist aber kein Urlaub. Es ist eine Gefühlsachterbahn. High Speed vs. Stillstand. Reisen heißt mit 1.000 Sachen in der Stunde einen neuen Kontinent ansteuern, tagelang in Weltuntergangs-Unwettern ausharren und nur einen Ausweg haben: den einzigen Flug pro Woche.

Reisen ist Leben, das zwischen Heim- und Fernweh oszilliert. Zwischen überwältigt sein und überrollt werden. Manchmal wirst du so herzlich empfangen, dass du vor Rührung weinen willst. Du bist 15.000 Kilometer weit weg und fühlst dich doch sofort zuhause. Am nächsten Ort dagegen fühlst du dich so fremd, unverstanden und **einsam wie ein Meerschwein auf dem Mars.** Deine Neugier macht sich aus dem Staub, dein Magen dreht sich auf links, deine Fluchtgedanken werden sekündlich stärker – es will nicht „klick" machen. Dein kultureller Schlüssel passt einfach nicht ins Schloss. Und dann wieder findest du Orte, die du festhalten willst. An denen du am liebsten ewig bleiben willst, um einer noch unbekannten Seite an dir Raum zu geben. Aber keine Chance! Andere Abenteuer locken wie die Rhein-Sirenen. Faszinierend. Und todtraurig. Jedes Mal. Aufs Neue.

TONGA

Gestrandet im Nirgendwo

Nach der tollen Zeit in Fiji wollte ich noch tiefer in die Südsee vordringen. Das kleine Inselreich Tonga schien mir perfekt dafür. Es ist das letzte Königreich der Südsee, wurde nie kolonialisiert und ist das am wenigsten entwickelte Land der Region. Das klang spannend. Deswegen befinde ich mich nun vorfreudig im Landeanflug auf die Hauptinsel.

Doch als wir den Sinkflug beginnen, wird mir mulmig. Es sind nicht die Luftlöcher, die mir den Magen verstimmen, vielmehr beschleicht mich eine Vorahnung, als ich das kleine, flache Etwas unter mir vorbeisausen sehe. Ich habe bereits nach drei Minuten Blick aus dem Flugzeugfenster das Gefühl, die ganze Insel gesehen zu haben: Es gibt keine einzige Erhebung, keine spannenden Perspektiven. Die Insel ist flach wie eine Abendbrotstulle. Ich kann sie komplett überblicken, ohne die Augen zu bewegen.

Wenn die Welt ein Ende hat, so ist hier ihr Anfang.

Ich fahre durch die leeren Straßen, in denen ab und an eine Hütte steht. Überraschend reiht sich eine überdimensionale Kirche an die nächste. Gemessen an der Zahl und Größe der Kirchen, müsste die Insel mehr als eine Million Einwohner haben. Es sind allerdings nur 70.000 Seelen, die auf der Hauptinsel Tongatapu leben.

Und die Hauptstadt? Der wundervoll klingende Name **Nuku'alofa** ist bereits das Highlight. Das Kaff hat 23.000 Einwohner.

Die Sehensunwürdigkeiten: drei langweilige Königs-„Paläste“ (unkreative Villen), bunte Gräber in den Vorgärten (!) der Häuser, ein unübersichtlicher, schmutziger Hafen, ein verrottetes Denkmal.

Mein Favorit ist das **Verteidigungsministerium:** Mit seinen drei Mini- Baracken erinnert es nicht gerade ans Pentagon. Ein einziger Soldat ist zu sehen. Er sitzt entspannt auf einer Bank und raucht gedankenverloren. Das gesamte Gelände würde wohl ein einzelner tschechischer Panzer in drei Minuten platt walzen.

Das **Zentrum** liegt in einer mickrigen einzelnen Straße: drei Restaurants, drei Cafés, zwei Reisebüros, ein Buchladen, ein neuseeländisches Konsulat, ein Touri-Laden, ein geschlossenes Postamt und ein abgebranntes Kino. Es gibt noch eine Kirche, einen Bankautomaten sowie einen Imbiss-Stand mit schmucklosen Bierbänken davor. Ich lasse mich erschöpft und entsetzt nieder – und treffe kurz darauf einen jungen weißen Mann mit Rastalocken. Er hört auf den Namen Norbert und kommt aus Görlitz im tiefsten Ostdeutschland.

Norbert arbeitet hier im deutschen Honorarkonsulat (einer Art privaten Botschaft) und beantwortet diplomatische Anfragen und Mails. Volle zwei Stunden am Tag. Länger dauert seine Arbeit nicht. Es gibt einfach nicht mehr zu tun.

Die Welt ist klein. Tonga ist winzig. Am Nachbartisch wartet der Tourismusminister auf sein Essen. Allein.

DAS IRRENHAUS AM ENDE DER WELT

Ich komme zurück in mein Hotel. Ich hatte hier die Wahl zwischen einem „Naja-2-Sterne-Hotel" für 80 Euronen oder einem „0-Sterne-Zimmer" für 24 Euro. Ich entschied mich für Letzteres, um Geld zu sparen. Nun bereue ich die Wahl etwas, denn diese Bruchbude könnte als Inspiration für einen neuen Stephen-King-Triller dienen.

Zunächst werde ich von einem Gast begrüßt, der mir 20 Sekunden lang die Hand zärtlich schüttelt und mich frisch verliebt ansieht, bis ich mich geschickt aus dem Klammergriff loseise und das Weite suche. Das Zimmer sieht beim Einchecken okay aus. **Vielleicht hätte ich meine Sonnenbrille bei der ersten Zimmerbesichtigung absetzen sollen,** denn nun sehe ich sie alle: die Flecken auf dem Laken, die Löcher in der Wand, die Mini-Kakerlake (niedlich) auf dem Boden, den Mückenschwarm im Bad (*surr), die Popel und Kaugummi an den Wänden (*würg). Was mir am meisten Kopfzerbrechen bereitet, ist die Lampe am anderen Ende des Zimmers, die immer dann ausgeht, wenn ich mich ans Kopfende des Bettes anlehne, so wie jetzt beim Schreiben. Gerade sitzen = Licht an; hinten anlehnen = Licht aus. Das ist entweder eine geniale chinesische Erfindung oder Elektroschrott.

Ich höre drei Chinesen in 30 Meter Entfernung lautstark Bier schlürfen. Kein Problem, dafür gibt's Ohrstöpsel. Auch das abgerockte Zimmer verschwindet hinter meiner Schlafmaske. Am liebsten würde ich mir die Ohrenstöpsel jedoch in die Nasenlöcher stopfen, denn **hier riecht es wie im Kaninchenstall!**

Ich stell mir vor, ich wäre ein Hase, vielleicht hilft es ja. Dennoch finde ich nur schwer in den Schlaf, denn kurz später scheint das ganze Motel draußen auf dem Gang miteinander zu debattieren. Aus dem Nachbarzimmer dröhnt schlechte Musik. Erst der australische Hände-Fetischist. Dann die Rüpel-Chinesen. Jetzt die Südsee-Talkshow auf dem Flur. **Das ist kein Hotel, sondern ein Irrenhaus!**

GLAUBENSKRISE

Zum Glück muss ich im Horror-Hotel nur bis 6 Uhr ausharren. Ich habe gestern Nacht noch einen Flug gebucht, denn ich muss so schnell wie möglich weg von dieser komischen Insel! Mein Reiß-aus-Ziel ist die tonganische Inselgruppe „Vava'u", ca. zwei Flugstunden nördlich der „Hauptinsel". Leider kann ich das Inselreich nicht verlassen, denn ich habe bereits einen Weiterflug nach Neuseeland gebucht und muss mir nun die Zeit hier irgendwie vertreiben! Normalerweise buche ich aus solchen Gründen nie die Anschlussreise, doch in den Pazifikstaaten muss man häufig ein Weiterflugticket vorweisen, um überhaupt einreisen zu dürfen. Bei Tonga macht das durchaus Sinn, sonst würden die Leute ja scharenweise sofort wieder fliehen ...

Allerdings wartet am Regionalflughafen bereits das nächste Hindernis auf mich. Beim Versuch, im Café das auf der Speisekarte angepriesene Frühstück zu bestellen, stürze ich in eine **Glaubenskrise:** Ich glaub, ich krieg nix zu essen ...

Martin:	„I want to order bacon, eggs, tomatoes and banana."
Kellnerin:	*„But sorry, we do not have toast."*
Martin:	„But I do not want toast, I want to have eggs and bacon."
Kellnerin:	*„But we do not have tomatoes, sorry."*
Martin:	„It doesn't matter, just give me eggs and bacon."
Kellnerin:	*„What time does your flight leave?"*
Martin:	„Boarding is in 20 minutes, please give me any- thing that you can prepare within 10 minutes."
Kellnerin:	*[sagt nichts, bewegt sich nicht, schaut stumm geradeaus]*
Martin:	„Can I please get **just a banana**?"

ÜBER DEN WOLKEN ...

Boarding. Die Maschine ist winzig, nicht viel größer als ein Familien-Van. Ich sitze direkt hinter dem Piloten, der **persönlich die Sicherheitseinweisung** macht.

Wir haben eine feste Sitzplatznummer bekommen. Doch ich will mich woanders hinsetzen – darf aber nicht! Ich protestiere:

„Wir sind nur 3 Gäste und haben 6 Sitze:
Wozu brauche ich einen festen Sitzplatz?"
Antwort: „Damit die Maschine nicht umkippt!"

Aha, deswegen mussten nicht nur die Koffer, sondern auch alle Passagiere auf die Waage beim Einchecken: Die Plätze werden nach Gewicht vergeben, zwei leichte links, der dicke Polynesier rechts. So kann nichts *schief*gehen ...

Wir fliegen an einem dampfenden Vulkankegel vorbei. Der Copilot schräg vor mir setzt währenddessen seine Kopfhörer ab, zieht sein iPhone aus der Tasche und knipst fünf Minuten lang Fotos von dem dampfenden Berg.

Ich hatte gehofft, dass wenigstens der Co-Pilot Google-Maps hat

Dann fliegen wir über eine weitere Inselgruppe hinweg, deren Namensgebung ich sehr amüsant finde. Auf dieser landete nämlich der berühmte Pazifik-Entdecker „Captain Cook" (seinem Namen gerecht) fast im Suppentopf. Als er im Jahr 1773 auf der Ha'apai Inselgruppe anlegte, bereiteten die Einheimischen seiner kompletten Mannschaft ein üppiges Mal. **Das fand der Brite so nett, dass er die Ha'apai Inseln „Freundschaftsinseln" taufte.** Was Cook jedoch nicht wusste: Die Einladung zu Speis und Trank war als Falle gedacht, um alle Engländer auf einem Fleck zu versammeln und hinterrücks abzuschlachten. Erst in letzter Minute entschied sich der Häuptling dagegen.

FALSCH ABGEBOGEN?

Als ich aufwache, befindet sich mein Mini-Flieger bereits im Landeanflug auf den „International Airport" von Vava'u. Der Reiseführer schreibt, dass die Insel landschaftlich sehr schön sei, einen der wichtigsten Yachthäfen der Südsee hätte und überhaupt und so weiter. Leider ist jedoch ganz und gar nicht hilfreich, dass Reiseführer Neutralität und Details über Orientierungswissen stellen. So stehen im Lonely Planet tausend Fakten zu den Inseln, aber nicht, ob es sich lohnt, sie zu besichtigen und für wen.

Ich bin der einzige Tourist, deswegen warten weder Taxis noch ein Bus auf meine Ankunft. Ich überrede ein paar Bauarbeiter, mich auf ihrer Ladefläche mit in die „Hauptstadt" Neiafu zu kutschieren.

Dort angekommen. **Ein Hahn kräht.** Ein zweiter übertönt den ersten. Verschlafene Straßen. Keine Bürgersteige. Hunde bellen. Es riecht vertraut. Würden nicht gerade Schweine über die Straße rennen, würde ich glauben, ich wäre in Schwarzheide-West. Bin ich um die halbe Welt gereist, um dasselbe zu sehen, was ich jahrelang in meiner Kindheit hatte? Das wäre reinste Ironie!

Das Gepäck-„Band" am Flughafen verrät eigentlich schon alles ...

Ich laufe weiter und suche das „Zentrum". Zwei Cafés, eine Kirche, eine Bank, ein geschlossenes Hotel und noch ein paar verstreute Läden. Ich habe einen superentspannten Monat auf Fiji hinter mir. Aber hier stellen sich meine Nackenhaare auf. **Das ist keine Entschleunigung mehr. Sondern eine Vollbremsung!**

Ich finde ein passables Café mit Hafenblick und Internet. Hier will ich nach Unterkünften recherchieren. Meine Wahl fällt auf die „Villa Vava'u". Die scheinen gute Zimmer zu vertretbaren Preisen zu haben. Ich möchte meinen Urlaub nicht in irgendeiner Absteige zubringen. Chinesische Rocky-Horror-Hotels hatte ich zur Genüge!

Ich beschließe zu laufen, denn auf Google Maps sieht es relativ nah aus. Triefend stampfe ich an der Kirche vorbei, muss böse, mich kläffend anspringende Hunde abwehren. Es ist verdammt weit bei 35 Grad und Marschgepäck in der prallen Sonne. Die Passanten geben gern Auskunft auf die Frage, wie weit es noch sei: „20 minutes", „only 5 minutes", „too far", „never heard of it" ...

Ein kurzer Rückblick auf meinen Vormittag:

- ☹ Kein Taxi am Flughafen. Arbeiter nehmen mich in die „Stadt" mit.
- ☹ Das erste Resort ist mit 50 Euro zu teuer.
- ☹ Das Backpacker-Hostel ist geschlossen.
- ☹ Ein weiteres Hotel ist abgebrannt.
- ☹ Die netten Hütten am Strand sind auf einer anderen Insel. Ich will nicht rüberschwimmen.

Das ist ja mal 'ne Glückssträhne! Was wird mir als Nächstes passieren?

200 KILO KOKAIN, EINE LEICHE UND KEINE SPUR

Ich bin endlich an der Herberge meiner Wahl angelangt. Zonk! Sie hat geschlossen! Immerhin treffe ich einen Kanadier, Paul. Er passt aufs Haus auf, während die Besitzer die Nebensaison in Amerika verbringen. Paul ist ein Gestrandeter. Er kam mit einer Frau und zwei Geschäften hierher, nun sind alle drei weg. Jetzt sitzt Paul also tagein tagaus vor dem verlassenen Hotel, begleitet von einer Zigarette und seinem Hund. Er hat bereits sein drittes Buch geschrieben – die ersten beiden unveröffentlicht, „die waren zum Üben". Das dritte hat bereits 90.000 Wörter und noch nie einen Lektor gesehen.

Er will meine Meinung als Autor hören und gibt mir als erstem Menschen ein Kapitel zum Lesen. Es ist nicht „wow", aber durchaus brauchbar. Schon witzig: Da sitze ich ohne Bleibe in glühender Hitze am A... der Welt und lektoriere in aller Ruhe ein Manuskript für einen Wildfremden.

Mein Einsatz wird mit einer **gruseligen Geschichte** belohnt. Paul erzählt, dass Fischer am Riff eine gestrandete Yacht gefunden haben. Darin lag eine Leiche, die nicht identifiziert werden konnte – sie war bereits zu sehr von Krabben und Fliegen zerfressen. Richtig spannend wurde es, als man auf dem Kahn stattliche 200 Kilo Kokain unbekannter Herkunft fand. War es Mord? Aber warum ist dann das Koks noch da? Selbst Spezialeinheiten aus Australien und den USA konnten den Fall bisher nicht aufklären. Das Ende der Welt steckt voller Geheimnisse!

Paul rät mir zum Abschied, bei dem teureren Hotel auf dem Berg einen Rabatt auszuhandeln und ruft mir ein Taxi. Wenig später gastiere ich preisgünstig auf einem Hügel mit Blick über die kleinen Inselchen im Meer.

DIE PRINZESSINNEN-INSEL

Ich sitze mit einem Bier im einzig offenen Restaurant der Insel. Mir gegenüber, Jeannette, Yogalehrerin und Zahntechnikerin aus der Schweiz, die mit 43 Jahren immer noch unter der Fuchtel ihrer Eltern steht. Jeannette hat gerade Hab und Gut in ihrer Heimatstadt St. Gallen (Schweiz) aufgegeben, um ihren Eltern beim Aufbau eines neuen Hotel-Resorts zu helfen. Die Eltern haben hier eine Insel gekauft. Und das, obwohl bereits 40–50 Prozent der Hotels in der Nebensaison mangels Gästen schließen müssen. Aber es ginge nicht um die Gäste, belehrt mich der knochige Vater, sondern um eine Aufgabe (er ist Schreiner). **„Je weniger Gäste kommen, umso besser.“** Ein interessantes Geschäftsmodell ...

Die Geschichte ihrer Insel ist jedoch faszinierend: Dort liegt nämlich eine echte Prinzessin begraben. 1912 hat sie hier mit dem Prinzen und späteren König gelebt. Die beiden waren verheiratet, sie fand aber einen Fischer anziehender und hat sich etwas mit ihm verlustiert. Der Fischer konnte fliehen, sie musste sterben. Ihr Clan hat ihren Körper später von der Insel weggeholt. Der Grabstein liegt noch irgendwo im Riff.

Ich würde die Insel „Princess Island“ nennen. Das wäre treffender als „Dream Island“, wie sie der neue Besitzer unbedingt nennen will. Es ist aber gewiss keine Trauminsel – dafür fehlen der lange Sandstrand, Palmen und gut gemixte Piña Coladas. Aber **es gibt wichtigere Probleme als das Benennen einer Insel.** Zum Beispiel muss die „Prinzessin-Insel“ gerodet werden, um Platz für die Bungalows zu schaffen. Der Strand ist so breit wie ein Tanga und könnte ein wenig Ausbau vertragen. Chemieklo (kann allerdings dem Riff schaden) oder Jauchegrube? Woher Elektrizität bekommen? Internet wäre ja auch nicht schlecht. Und da ist noch dieses kleine, insignifikante Problem, wie man den 30 Minuten dauernden Bootstransport der Gäste zur Insel bewerkstelligen will. Jeannettes Vater hat dafür natürlich eine Lösung: „Der Tauchmeister nimmt die einfach mit.“ Klar doch – mit dem hat er sich ja nur gerade erbittert darüber gestritten, ob ein biologisches oder ein chemisches Klo auf der Insel installiert werden soll.

DARM MIT CHARME?

Apropos Tauchlehrer. Apropos Klo. Es scheint zwei Reisegesetze zu geben:

1. Gesetz:
Immer wenn du musst, ist keine Toilette in der Nähe.

2. Gesetz:
Je dringender, desto weiter ist die Toilette entfernt.

Oder mathematisch ausgedrückt:

$$\text{Darmspannung}^2 = \frac{\text{S (Ich + muss - dringend)}}{\text{D (Entfernung zum Klo x 2,56Y)}}$$

Und so kam es, wie es kommen musste: Ausgerechnet während meines Tauchgangs vor der wunderschönen Prinzessinnen-Insel setzen furchtbare Magenkrämpfe ein.

Richtig furchtbare.

Und was tut man mit seinen Bedürfnissen, wenn man 20 Meter unter der Wasseroberfläche schwebt – eingezwängt in einen Tauchanzug und eine 10 Kilogramm schwere Ausrüstung?

Meditieren?!

Tatsächlich: Es hilft. Es kommt und geht ... Es kommt und geht. Es K O M M T. Arrgh! Gut, gerade noch verdrückt.

Wir sind zurück auf dem Boot. Doch auch auf dieser Nussschale gibt es keine Toilette. Nun muss ich 1,5 Stunden Rückfahrt zur Hauptinsel überstehen.

*Ohhmm.

Doch Moment mal, was wird das? Ricky, der Tauchlehrer, stoppt das Boot. Hier sei eine berühmte Höhle, da dürften wir durchtauchen, wenn wir wollten. Ich will, denn es ist eine spannende Herausforderung: Wir müssen ohne Sauerstoffgerät drei Meter tief und fünf Meter weit tauchen, um das Innere der blauen Grotte bestaunen zu können.

Das ist jedoch kein Vergnügungspark mit Sicherheitsabnahme und Ambulanz um die Ecke. Das ist echt! Körperlich ist das zu schaffen – doch es ist vor allem eine psychische Mutprobe. Die scheint mit Magenkrämpfen nicht zu bewältigen zu sein. Zu viel geht da vor sich: Die Wellen sind hoch, ca. 1,50 Meter. Es ist unübersichtlich. Ich muss was tun! Nur was? Und wie? Wie komme ich aus meiner Misere?

Kurzschluss. Notbremse. Notdurft. Ich springe vor den anderen über Bord, schwimme einige Meter vom Boot weg, reiße die Hose vom Hintern, schwimme ganz schnell, um mich vom Tatort zu entfernen ... Ahhh! Plötzlich schreit Ricky:

„Hey Martin, du bist falsch,
die Höhle ist auf der anderen Seite!"

Natürlich starren jetzt alle auf dem Boot in meine Richtung. Danke, Ricky, danke! Ich würde vor Scham am liebsten tief im Meer versinken. Das ist der peinlichste Moment in meinem Leben! Ein Glück: Es geschah am Ende der Welt und bleibt auch hier. **Reisen bringt dich manchmal dazu, Grenzen zu überschreiten, die du gar nicht überschreiten willst.**

Eine Packung Kekse hilft ungemein bei der Völkerverständigung.

KEKSDOSEN-POST AUF DER BAGEL-INSEL

Etwas abgelegen (abgelegen von Tonga? – Ha! Ha!) gibt es ein echtes Südsee-Phänomen: die **„Bagel-Insel"**. Die heißt so, weil sie von oben wie ein Bagel aussieht: Eine komplett runde Insel (ein Ringvulkan) und in der Mitte, wo mal der Krater klaffte, ist nun ein großer See. Gerade mal 200 Seelen leben auf dem schwimmenden Bagel. So witzig die Form der Insel sein mag, ihre Historie ist dafür umso kurioser und hat diese unter Briefmarkensammlern weltberühmt gemacht. Die Bagel-Insel hat noch einen zweiten komischen Namen und wird auch „Niuafo'ou" – **„Blechdosen-Insel"** - genannt. Warum?

Die Insel hat weder Strände noch einen Hafen. Die steilen Felsen ragen bis zu 10 Kilometer tief in den Ozean, sodass kein Schiff davor ankern kann. Im 19. Jahrhundert hauste hier unter ein paar Einheimischen ein einziger weißer Siedler, ein Plantagen-Betreiber, den wohl Heimweh plagte. Deswegen bat er 1882 die tonganische Postbehörde, ihm seine Briefe auf recht ungewöhnliche Weise zuzustellen ...

Und so wurde seine Post in riesigen, leeren 20-Kilogramm-Zwieback-Blechdosen versiegelt und von vorbeifahrenden Schiffen über Bord geworfen. Der Farmer schickte Schwimmer zum Boot, um die Dosen abzuholen und den „Posteingang" zu übergeben. Die Schwimmer brauchten bis zu 6 Stunden, um in den von starken Strömungen durchzogenen und von Haien bevölkerten Gewässern ans Ziel zu gelangen.

So entstand die Blechdosenpost. **Erst als 1931 ein Schwimmer von einem Hai gefressen wurde, sattelte man auf Kanus um.** Auf die Idee hätte man ja früher schon mal kommen können ...

JETZT BIN ICH DA: AM ENDE DER WELT

Wie fühlt man sich als Gestrandeter auf einer einsamen Insel? Recht verlassen. Es ist nichts los hier! Nur ein Tauchlehrer und ein überteuerter Buggy-Tour-Anbieter offerieren ihre Dienste. Daher beschließe ich, den Lenker selbst in die Hand zu nehmen und erkunde die Insel kräftigen Trittes in die Pedale. Ich komme an einer Kirche vorbei. Auf deren Hof suhlt sich ein Schwein. Dann passiere ich das Finanzamt. Davor lungert: ein Schwein. Die Straße teile ich mir ohnehin mit noch so einigen anderen Verkehrsteilnehmern: hier Hühner, da Hunde, dort Kühe. Gelegentlich ein Pferd.

Passend zum Zoocharakter des Trips ist es schweineheiß. Ich fahre ca. 12 Kilometer, um zum einzigen entlegenen Inselort zu kommen, der Mittagstisch anbietet. Tut er das? Normalerweise. Natürlich nicht heute! Die Frau des Hauses und Köchin fungiert gleichzeitig als eine Art Botschafterin, um Frauen fürs Parlament anzuwerben (bisher gibt es nur eine Frau im 27 Sitze zählenden tonganischen Parlament). Und die anderen beiden Service- und Küchenmitarbeiter müssen heute den Zaun reparieren. * Knurr.

Ich flüchte für zwei Stunden an den Strand und hoffe, dass sich der Himmel wie jeden Tag zuzieht. Nein, tut er nicht. Kaum eine Wolke zu sehen. Die Hoffnung sinkt. Dafür steigt der Hunger. Weiter geht's! Ich sattele auf, nächstes Ziel: das allerletzte Örtchen der Insel. Meine Hoffnung: Von dort mit einem Boot übersetzen zur Hauptstadt, denn ich habe dann mit dem Rad einen schönen Bogen gemacht – auf dem Landweg wären es 20 Kilometer zurück, mit dem Boot nur etwa 2 Kilometer. * Vorfreude!

Doch ich treffe auf keine Menschenseele. Das einzige Boot, das ich sehe, liegt halb verrostet nutzlos auf dem Rücken – obendrauf ein einzelner Badelatschen.

Trotz Enttäuschung und Erschöpfung lächele ich zufrieden. Denn **ich bin angelangt – an der hintersten Ecke dieser Welt!**

Das Ende der Welt: eine Bruchbude, ein Plastikstuhl, ein Plumpsklo. Wenigstens etwas Schatten.

Mit der Mitfahrgelegenheit wir das heute wohl nichts.

Tonga ist da, wo wild streunende Hausschweine stundenlang in der Lagune baden.

Als ich auf die Karte schaue, wo ich eigentlich bin, bleibt mir der Atem weg: Rundherum gibt es nichts. Keine Landmassen, keine Kontinente. Ein wenig Australien sieht man links, aber das wars.

Ich lese nach: Der Pazifik bedeckt ganze 47 Prozent der Erdoberfläche.

DER TONGA-TAG

Fiji ist witzig-chaotisch-fröhlich-entspannt. Tongas Uhren scheinen noch langsamer zu ticken. Allein die Höchstgeschwindigkeit von 65 Kilometern pro Stunde außerhalb der Ortschaften deutet darauf hin, dass man es hier nie eilig hat, irgendwo hinzukommen (wohin auch?) oder überhaupt etwas zu tun (was auch?). Doch diese Verlangsamung des Lebens ist nichts gegen den Sonntag.

Tonga hat am Sonntag geschlossen. Ist dicht. Zu. Rien ne va plus.

„Am siebten Tage sollst du ruhn und Kava in deinen Becher tun." So ähnlich hat es Gott formuliert. Der Sabbat, der siebte Tag, ist hier heilig. Die Kirchentür ist das Einzige, was dann offen steht. Sonntags ist es gesetzlich verboten, zu arbeiten. Selbst Wäsche aufhängen oder schwimmen ist tabu. Lediglich vier „Gs" werden exerziert: Es wird **g**eplaudert, **g**eschlafen, **g**egessen und manchmal wohl auch **g**epoppt. (Ich habe allerdings nicht begriffen, inwiefern sich das vom Rest der Woche hier unterscheidet.)

Mir wird mulmig: Sonntag. In Tonga! Ich bin doch schon am hintersten Ende der Welt. In der Nebensaison! Da steht die Welt wahrhaftig still. Alles, wirklich alles steht. Still. Selbst die Restaurants sind zu! Etwas Zivilisations-Panik steigt in mir auf! Was soll ich den ganzen Tag tun? Woher bekomme ich was zu essen? **Hat das Internet auch zu?**

Ich halte inne. Mir ist sehr wohl klar, wie bescheuert diese Gedanken sind. Aber ebenso erschrocken stelle ich fest, wie abhängig mein Belohnungs- und Nervensystem von der Optionsvielfalt und dem schnellen Zugang zu Informationen und Freunden über Facebook & Co. geworden ist. Ich atme tief durch und beschließe, dass diese Herausforderung gut für mich ist. Ich flüchte nicht wie geplant auf die Hauptinsel zurück (dort gibt es ja auch nichts) – ich bleibe HIER im NICHTS.

In High Heels in die Hütte.
Nicht für den Club, sondern fü
die Kirche wird hier aufgerüst

Sonntagmorgen gehe ich mit der gesamten Inselbevölkerung in die Kirche – das erste Mal seit zwölf Jahren. Es ist erfrischend schön. Die Tonganer singen, ein Pastor und verschiedene Frauen predigen. Wir stehen auf, setzen uns, stehen auf, setzen uns. Ein tolles Fitnessprogramm für die schwergewichtige Bevölkerung! Auch **Flirten steht hier auf der Tagesordnung**: Wir müssen den Vorder- und Hintermännern die Hand schütteln, später stehen wir auf und fassen uns alle an den Händchen und schunkeln ein wenig. Ich finde, das könnte man zur Auflockerung auch im Flieger einführen!

Nach der Kirche sind alle flink wieder weg. Kein gemeinsamer Plausch vor der Kirche (35 Grad in der prallen Sonne sind auch nicht sehr smalltalk-förderlich). Ein weiteres tonganisches Sonntagsritual beinhaltet – wie sollte es anders sein – das Grillen eines fetten Schweins im Kreis der Familie.

Den Nachmittag verbringe ich bei einem ausgedehnten Spaziergang mit Tila, einer Einheimischen (von der du gleich mehr lesen wirst), und abends flüchte ich dann in das einzig offene Restaurant (das nur offen hat, weil es ein Ausländer betreibt).

Ich lasse den Tag auf westliche Art mit einem Spielfilm, einem Glas Wein und einer netten Unterhaltung mit der „Inselprinzessin" Jeannette ausklingen.

TONGA INSIDE: WER WILL WIRKLICH IN DER SÜDSEE LEBEN?

Ich treffe Peter, um die 57 mit weißem Bart und hellen Augen. Ihn hat der Zyklon vor einem halben Jahr mit seinem Boot erwischt. Erst musste er auf die Ersatzteile aus Übersee für die Reparatur warten. Jetzt hofft er auf das baldige Ende der Zyklon-Saison, damit er weitersegeln und zurück zu seiner Familie nach Los Angeles kann.

Peter öffnet mir die Augen, was das Leben mit einer Yacht anbelangt. Er verrät mir, dass viele all ihr Geld in ein Boot gesteckt haben und kein richtiges Zuhause mehr haben. So ein Kutter will getankt, repariert, gestrichen werden. Hinzu kommen Liegegebühren an den Häfen. Wer dazu lange auf hoher See verbringt, kann nur schwer Geld hinzuverdienen. Mit dem **Ideal-Aussteiger-Bild von der Luxusyacht und zwei Model-Miezen drauf** hat das Leben, das Peter beschreibt, nichts zu tun.

Irgendwo las ich, dass man auch auf Yachten trampen kann (gegen kleine Gefälligkeiten wie kochen, singen, Bootsarbeiten). Doch Peter betont, dass er keinen auf seinem Boot haben möchte:

> „Viele Weiße hier haben alle einen an der Klatsche.
> Sie wollen nur vor irgendetwas zu Hause flüchten
> und hier neu anfangen."

Einer dieser Irren ist mein Schatten: Brian, um die 40, ein versoffener Kanadier, verfolgt mich auf der Insel: Er wohnt als einzig weiterer Gast in dem Hotel und hat dort wohl einen Monatspreis von 80 Euro ausgehandelt. Freitagabend überredet er mich, in den einzigen Tanzclub der Insel zu gehen. Mir wäre Samstag lieber, aber er besteht drauf: „Today is the night of the nights!"

Ist es nicht! In der schäbigen Turnhalle amüsieren sich gerade mal fünf Menschen - plus – Barkeeper. Drei beleibte minderjährige Tonganerinnen tanzen überdreht wie in schlechten Hip-Hop-Musikvideos und schütteln unkoordiniert alles, was sie haben. Zwei Jungs stehen daneben und gaffen. 30 Minuten später hat mich mein Hotel wieder.

Brian ist ein echter Parasit. Obwohl fußläufig, überredet er mich, ein Taxi zum Club zu nehmen, springt dann einfach aus dem Auto und lässt mich zahlen. Am nächsten Tag flirtet er mit schlechten Sprüchen mitten im Gespräch mein Gegenüber an und beschimpft mich derb, als wir ihn konsequent ignorieren. Er hat es ja auch nicht leicht, ist mit seinem Boot und seiner Freundin hierhergekommen. Nun wohnt seine Ex-Freundin (eine fies dreinschauende Rockerin) auf seinem Boot. Er wurde ausquartiert. Seit vier Monaten leben sie nun in dieser Konstellation auf der Mini-Insel. Nicht ganz leicht, sich da **aus dem Weg** zu gehen. Vielleicht wäre er ja auch ein netter Kerl, wenn er mal einen Abend nicht trinken und dafür nachdenken würde.

Soviel zum Thema Yacht und Segelromantik. Doch unsere Vorstellung von der Südsee ist in der westlichen Welt von Harmonie, Sehnsucht und Luxusurlauben dominiert. Die Idealisierung als Paradies stammt aus der Zeit der ersten Entdecker, die viele leicht bekleidete und leicht zugängliche Frauen in einem wunderschön-warmen Land angetroffen haben. Stell dir vor, du kommst wie Cook aus dem miesen Regenwetter-London, verkneifst dir auf See Monate lang alle Bedürfnisse und landest in einem **Wunderland voll mit Sonnenschein, saftigsten Früchten und Schenkeln.** Das spricht sich rum!
Fiji war in der Tat ein tolles Erlebnis. Nirgends sonst habe ich so gut gelaunte, energetische Menschen getroffen – obwohl sie nichts hatten. Tonga offenbarte mir hingegen einen anderen Eindruck von seiner Kultur.

Schuld daran ist unter anderem Tila, eine Tonganerin. Tila wurde streng erzogen. Obwohl sie in einem Restaurant arbeitet, hat sie mit ihren 20 Jahren noch nie eine Bar betreten. Sie hat nie Alkohol getrunken und war nur einmal in der einzigen Disko der Insel. Ich will nach Feierabend eigentlich nur mit ihr an die Strandbar etwas trinken, um mehr über ihr Leben zu erfahren. Doch sie schüttelt sich: zu viele Leute! Ihr **Cousin lauert** zudem kontrollierend **hinter der Straßenlaterne** – denn sie darf als Frau abends nicht alleine sein. Deswegen gehen wir am Sonntag spazieren – das ist harmloser.

Tila ist bildschön und hat noch nie einen Mann geküsst. Warum? Ein Kapitän kam mal ins Café und wollte sie geradewegs heiraten. Das fand sie unheimlich (zu Recht). Einen Tonganer, der ihr den Hof macht, findet sie blöd. Wir unterhalten uns, aber ich verstehe die Westler nicht, die diese Inselfrauen wegheiraten wollen: Tila hat keine Hobbys, keine Interessen, keine spannenden Erlebnisse in der Vergangenheit (sie hat die Inseln noch nie verlassen). Auch ihre Zukunft ist ungewiss (Schule und Lernen findet sie zu anstrengend).

Tila verdient im Café 5–7 Pa'anga die Stunde. Sie arbeitet aber nur 4 Tage für 4 Stunden, das macht ca. 80–100 Pa'anga Wochenlohn oder umgerechnet in Summe ca. **100 Euro Monatsverdienst**. Das reicht nicht mal für meine Nebenkostenabrechnung! Ich hatte mich auch mit ein paar Hotel- und Restaurantbetreibern unterhalten – klar versuchen die hier, die Löhne strategisch niedrig zu halten. Ein bisschen kann ich es verstehen – außer mir sind vielleicht noch 20 andere Gäste auf der gesamten Insel und nochmal 20 Leute, die hier irgendwie mit ihrem Boot gestrandet sind.

Ziemlich gruselig ist der Blick hinter die Kulissen, den Tila mir gewährt. Nicht nur, dass es für sie recht anstrengend sein muss, derart von ihren Eltern, Brüdern und Cousins überwacht zu werden und unter Kontrolle zu stehen (ab 18 Uhr wird sie sehr nervös, denn sie „muss" nach Hause). Sie will einen Freund, das höre ich aus ihren Kommentaren heraus – auf einer Insel mit 6.000 Einwohnern ist es kein Leichtes, sich mal ungezwungen umzuschauen. Schlimmer aber ist das, was sie in der Ehe erwarten würde: Viele Frauen werden hier von ihren Männern nicht gerade nett behandelt, bisweilen sogar geschlagen. Ihre Schwester verlor nach einem **Bauchschlag** im Streit mit ihrem Ehemann ihr erstes Kind. Sie verlor auch ihren Job als Kellnerin, weil der Mann auch noch den Restaurantchef wiederholt anpöbelte. Sie trennten sich. Aber mangels anderer Optionen sind die beiden wieder zusammen und haben zwei Kinder. Wir treffen die Schwester und ihren Mann. Er sieht nicht böse aus. Er lächelt. Doch fällt die Tür ins Schloss, geht der Terror weiter.

Auch die **Aggressivität der Hunde** ist auffallend. In allen Reiseländern bin ich auf streunende Hunde getroffen, die friedlich am Straßenrand lagen oder umherstolzierten. Nie hat mich einer beschnuppert, angebellt oder mir irgendwie Angst eingejagt. In Tonga hingegen kommen die Biester unerwartet und mit Vollgas auf dich zugerannt, kläffen, feinden und springen dich an. Ich hatte richtig Angst! Das Einzige, was hilft (es kümmert ja sonst keinen): Hebe deinen Arm bedrohlich und tue so, als würdest du einen Stein nach den Hunden werfen. Dann ducken sie sich und ziehen den Schwanz ein. Leider auch ein Zeichen dafür, dass sie oft genug Gewalt und Schmerzen am eigenen Leib erfahren mussten. Mit der Vorstellung einer friedliebenden paradiesischen Gesellschaft ist das nicht in Einklang zu bringen!

Dann ist da noch die Sache mit den **Fakaleitis**: Bereits bei meiner Ankunft auf Vava'u servierte mir im Hafenblick-Café ein Mann mit Kleid, Zöpfen und Brüsten mein Frühstück. Stell dir vor, du lebst in Tonga, einer sehr traditionellen Gesellschaft. Du bekommst einen Sohn. Wunderbar! Du bekommst einen zweiten. Gut. Das dritte Kind ist: wieder ein Sohn. Verdammt! Jemand muss aber die Wäsche waschen! **Ene, mene, muh und raus bist: DU!** Zack, werden dem Buben Mädchensachen angezogen, und er wird als Frau sozialisiert. Mama mia!

TONGANISCHE TEDDYBÄR-MAFIA?

Tonga ist arm. Und verzweifelt. So wurden viele Wirtschaftsfördermittel in zweifelhafte Projekte gesteckt., Dazu gehören:

1. Die Suche nach Erdöl in Gegenden, in denen es laut Geologen kein Erdöl gibt.

2. Die Idee, einen erloschenen Vulkan als Endlager für radioaktiven Müll zu nutzen.

3. Der Aufbau einer tonganischen Teddybärindustrie.

4. Die Zulassung von ausländischen Schiffen, welche dann in illegale Aktionen verwickelt waren.

5. Die Vermietung von „Parkpositionen" für Erdsatelliten im All.

6. Das langfristige Chartern einer massiv überdimensionierten Boeing 757, was zum Bankrott der staatlichen Fluglinie führte.

7. Der Aufbau eines Flughafenhotels mit angeschlossenem Casino, gemeinsam mit einem international gesuchten Kriminellen.

8. Die Unterstützung der Domain „.to", unter der Raubkopien illegal angeboten werden (z. B. Kino.to).

Der König besaß wohl einen Hang zu spekulativen Großprojekten. Er verlor u. a. Millionen an einen Finanzberater, der sich selbst als königlicher Hofnarr bezeichnete. Der König hätte sich mal als griechischer Finanzminister bewerben sollen. Er wäre bestens qualfiziert gewesen!

TONGA PONGA

Ich habe Tonga gehasst – und gerade deswegen geliebt! Kein Land hat mich bisher dermaßen an meine emotionalen Grenzen gebracht: Ekel, Einsamkeit, Leere, Langeweile, kaum Angebote und Möglichkeiten, schlechtes Internet, aufdringliche Leute, schlechte Reiseverbindungen, Diskomfort, Erwartungs-Enttäuschung. Tonga war ein Spiegel meiner größten Ängste, Schwachstellen und persönlichen Ticks. Es braucht ein wenig Zeit, bis ich erkenne: **So ein Erlebnis ist eine riesige Lernchance.**

FAZIT

Davon abgesehen zeigte sich, dass meine Rechnung aufgeht: Es waren meist die entlegensten und ärmsten, am wenigsten touristisch erschlossenen Gebiete, die das größte Abenteuer, die spannendsten Geschichten und Herausforderungen brachten. **Dort lebt es sich viel intensiver**. Du bist wacher. Ein kompletter Kontrast zum Eingelullt-Sein im Pauschalurlaub am Pool, mit Schlabber-Cocktails und Abendanimation. Aber auch ein deutlicher Unterschied zu all den Reisegegenden, in denen du mit aufgesetztem Lächeln und Plastik-Bastrock empfangen und im zweiten Satz eingeladen wirst, dir mal einen Verkaufsstand anzusehen.

Entschuldige, ich will das gar nicht so abwerten. Auch ich mache gerne Pauschalurlaub. Um mit einem netten Menschen eine chillige Zeit ohne Reise-Orga zu verbringen, ist es genau das Richtige. Wenn du keinen Stress, einfach Sonne und Entspannung willst – warum nicht? Deswegen werde auch ich hin und wieder günstige Pauschalangebote nutzen. Aber bitte tu das für dich, nenn es nicht „kulturelle Erfahrung" und **langweile bitte niemanden mit Bildern vom Hotelpool!**

Das ist kein Bummerang, sondern die Hauptinsel Tongas.

NEUSEELAND

Neudefinition von Weite

Ich laufe durch die Straßen Aucklands. Yeahhhh! Ich bin zurück in der Zivilisation! Mir fällt auf, dass ich einige Dinge gar nicht vermisst habe, über die ich mich nun wundere, dass ich sie nicht vermisst habe: Fenster. Rollos. Stabile Wände. Internet, bei dem eine Facebook-Seite schneller als eine Minute lädt. Auswahl im Supermarkt: Mehr als eine Kekssorte im Angebot. Verschiedene Shampoos. **Oh. Mein. Gott: Käse. Essbar!** Moment mal, apropos Supermärkte. Ah, überhaupt Supermärkte. Ich realisiere jetzt erst, dass ich seit Wochen keinen betreten habe.

Nach zwei Tagen in Auckland entfliehe ich einem wütend-schüttenden Zyklon in Richtung Norden. Nach sechs Stunden in diversen Busshuttles werde ich irgendwo in einem Ort namens Ahipara am Straßenrand abgesetzt. Damit endet auch meine Freude über die Rückkehr unter Menschen, denn Neuseeland hat nur 16 Einwohner/km^2 (Deutschland ist mit

226 Einwohnern/km² 14-mal dichter besiedelt). Entsprechend finde ich hier nur zwei Handvoll Häuser vor. Eins davon, das Hostel, ist ausgebucht! Zonk! Die nächste Jugendherberge? Liegt fünf Kilometer entfernt! Zonk! Busse? Ha, Ha. Der Zonk lacht sich schlapp! Hier gibt es nur einen einzigen Bus am Tag – und mit dem bin ich gekommen.

Manch einer könnte nun anmerken: „Das hätte man auch besser im Voraus planen können." Dann hätte ich gewusst, was mich erwartet oder die Herberge reserviert. Ja, dieses „Wenn-und-Hätte" könnte man auch ewig durchspielen. Nur das Problem an der tollen Vorausplanung ist: Ich wäre dann noch in Deutschland, von der Komplexität gelähmt, der Spontanität beraubt. Wie so oft findet sich dann doch eine Lösung: Die Besitzerin der ausgebuchten Jugendherberge chauffiert mich netterweise zur nächsten Unterkunft.

Nach dem vollen Hostel am anderen Ende der Bucht bin ich hier seltsamer- und glücklicherweise der einzige Gast im 6-Betten-Schlafraum. Dennoch bin ich nicht allein. Meinen Besucher mag ich allerdings nicht: Eine Kakerlake! Ich hebe drohend den Schuh – aber das Viech ist so eklig und riesig – – – ich kann mich nicht durchringen draufzuklatschen! **Wer will schon einen bounty-riegel-großen, schwarzbraunen Kakerlakenmatsch in den Ritzen seines Turnschuhs haben?** Ich zögere ... zu lang! Der Eindringling entkommt hinters nächste Bett. Ich verschiebe das Killerkommando auf später. Als ich nach dem Abendessen zurückkomme, liegt dann doch ein anderer Reisender in einem der Betten. Er schläft bereits fest. Die dahinter verschanzte Kakerlake grinst sich eins. Verdammt! Diese Nacht werde ich besser nicht mit offenem Mund schlafen.

RASTLOS AM RUHEPUNKT

Das Ungeziefer bereitet mir nicht wirklich Sorgen. Mein Problem dieser Tage ist etwas anderes. Hier, **wo alles so entspannt und ruhig ist, brummt mein Kopf wie ein aufgebrachtes Wespennest.** Ich bin geschockt, dass ein Ort, der mir wärmstens empfohlen wurde, eigentlich ein „Nicht-Ort" ist. Es gibt lediglich drei Herbergen, eine Tankstelle, einen Mini-Minimarkt, ein halbtags geschlossenes Café und einen Eisstand. Ich komme mir vor, wie im entlegenen Tonga. Ahipara liegt so weit weg von allem, dass ich erlebe, wie ein Polizei-Hubschrauber über den Hintergärten Pestizide streut, um die Hanffelder zu vernichten, die findige Bewohner im Schutz der Entlegenheit hier angepflanzt haben.

Und obwohl ich diesen Flecken Erde noch nicht richtig kenne und mich vorher auch nicht richtig informiert habe, bin ich enttäuscht. **Diese verdammten Erwartungen!** Zwar weiß ich inzwischen, dass meine Erwartungen fast nie erfüllt werden, dennoch kann mein Kopf nicht von ihnen lassen. Sie formen sich automatisch.

Ship-Wreck-Bay Ahipara. Wie dieses vor 100 Jahren auf Grund gelaufene U-Boot fühle ich mich gerade: Gestrandet, ziemlich verlassen und vergebens Ausschau nach etwas Action haltend.

Manchmal wissen wir gar nicht, was wir erwarten. Wir erwarten einfach, dass es perfekt ist. Immerhin leben wir in einer Welt der unbegrenzten Möglichkeiten! Ich nehme meine Ruhelos-Symptome mal genauer unter die Lupe:

- leichte, unerklärbare Unzufriedenheit,
- Rastlosigkeit,
- Gedankenknäuel im Kopf,
- Angst vor Langeweile

und stelle medizinisch einwandfrei fest: Ich habe **„Zuvielitis"!** Eine Krankheit, die mein Wohlbefinden von der Summe meiner Möglichkeiten in einer Stadt abhängig macht. Vielleicht bin ich als Berliner einfach gebrandmarkt: In der deutschen Hauptstadt gibt es 4 Opernhäuser, 4 Unis, ca. 15 weitere Hochschulen, 175 Museen, mehr als 50 Theater, 300 Kinosäle, 4.650 Restaurants, 900 Kneipen sowie 190 Bars und Clubs. Das Angebot ist gigantisch. Eigentlich keine schlechte Sache. Das Problem ist nur: Der Tag hat bloß 24 Stunden.

Nicht nur Berlin bietet viel Auswahl, das Internet erschwert die Wahl zusätzlich und zeigt uns Millionen Möglichkeiten. Es gibt Tausende Produkte, Webseiten, Jobmöglichkeiten und Wege unseren Tag zu verbringen. Das ist eine Unmenge an Möglichkeiten, eine **Multi-Optionalisierung** des Lebens, die zur Überfrachtung der Sinne führt. Wir haben zu viele Informationen, Angebote, Wahlmöglichkeiten.

In der Tat bestätigt die Forschung: Je mehr Auswahl wir haben, desto unglücklicher sind wir tendenziell. Denn die Fülle der Optionen lässt auch unsere Erwartungen in die Höhe schnellen. **Wir erwarten das perfekte Produkt, den Traumjob, den perfekten Partner, den perfekten Ort.** Unser Kopf konstruiert sich schnell eine Traumwelt. Wir hoffen auf eine „noch perfektere" Lösung und verzögern, verträumen, verkomplizieren unser Leben.

Damit nicht genug: Dank schnellem Internet und leichtem Zugang zu Informationen wollen wir die Infos, das Produkt, die Wunscherfüllung – und zwar JETZT. HIER. SOFORT! Ein gutes Lied? Sofort im Stream hören! Mit Freunden kommunizieren? Sofort chatten! In der Bar rausfinden, wie die Begleitung von Susi heißt? Sofort unterm Tisch facebooken! Es ist wohl keinen Newsticker wert, dass diese **„Verjetztung"** unserer Zeit uns alle ein klein wenig rastloser macht.

Diese ständige innere Unruhe und der Drang, etwas Sinnvolles, Konkretes tun zu müssen, können zermürbend sein. Der Optionen-Überfluss erzeugt ein Gedankenkarussell, das sich dreht und dreht. **Und dreht.**

Um meine Erwartungen zu mildern, nehme ich mir vor, meine ersten Eindrücke nicht mehr zu bewerten. Ab sofort will ich so **neugierig mein Reiseziel betrachten, als würde ich zum allerersten Mal im Leben reisen.** Ich will meine Erwartungen zurückstecken und mich erst einmal mit der Umgebung vertraut machen, bevor ich urteile.

Natürlich klappt das nur begrenzt. Dass lediglich ein einziger Bus täglich zurück nach Auckland geht, der um 6 Uhr morgens abfährt – aber ausschließlich von Montag bis Freitag –, ist definitiv eine Reisehürde. Das lässt sich nicht schönreden. Doch mein Vorsatz „Ab- statt Erwarten" hält meine Bewertung im Kopf ein paar Zentimeter weiter zurück und macht mir das innere Erleben um einiges angenehmer. Statt mich zu ärgern, versuche ich, meine Energie darauf zu verwenden, das Beste aus einer Situation zu machen.

Diese Strategie ist wie ein „Aspirin-Effect": Sie wirkt sofort! Ich meditiere viel am Strand, surfe ausgiebig, verbringe viel Zeit mit anderen und **mache etwas für mich total Abwegiges:** Ich koche! Wir sammeln Miesmuscheln direkt von den Felsen am Strand und dünsten sie. 3-Sterne-Koch „Martin Melzer"! Meine Mama wird mir das nie glauben. Der Witz: Die Muscheln sind einfacher zubereitet als Pasta, denn sie zeigen dir durch das Öffnen der Schale, wann sie gegessen werden wollen!

In der Tat erweitert sich so meine „Not-to-do-Liste“: Ich werde mir in Südamerika keine Kolonialarchitektur ansehen und mir die berühmten Iguazu-Wasserfälle in Brasilien sparen. Das kann ich machen, wenn ich älter bin. Ich will meinen **Fokus nicht aufs Sehen, sondern aufs Sein** richten. Tolle Erlebnisse sind mir wichtiger als möglichst viele Sehenswürdigkeiten abzuhecheln.

DIE PERFEKTE WELLE

Meine Priorisierung hilft. Am nächsten Tag buche ich endlich einen Surflehrer. Das war lange überfällig! Zwar habe ich nach Australien und Fiji schon ein wenig Übung auf dem Brett, doch bisher auch ordentlich Wasser geschluckt und mir gehörig wehgetan. Und so zolle ich den großen Brechern noch (zu) großen Respekt. John, der Surflehrer hat entweder Langeweile oder Mitleid: Jedenfalls bekomme ich gleich einen zweitägigen Kurs, obwohl ich nur zwei Stunden gebucht habe.

John bringt mich per Jeep über die Felsen am Strand in einer halben Stunde zu den Profispots – über eine „Spontanstraße", die man nur bei Ebbe mit einem Allradantrieb befahren kann.

Wir kommen an einen abgelegenen Ort, eine enorme Sanddüne bäumt sich vor uns auf. Die Gräser sind hier drei Meter hoch und die gesamte Küste ist mit großen Felsbrocken umsäumt. Dann tappen wir die glitschigen Felsen entlang.

* Platsch! * Platsch! Wir springen ins Wasser und versuchen eifrigst paddelnd der starken Brandung zu entkommen, damit wir unsere Boards und Bodys nicht an den Felsen aufschürfen.

Eine stattliche Welle kommt. „Go-go-go-go-go-go!", schreit John. Ich rudere um mein Leben. Nicht nur Angst, sondern zwei Meter hohe Wassermassen sitzen mir im Nacken. „NOW!" höre ich aus der Ferne. Ich springe aufs Brett und sause die Welle hinunter. Um mich herum diese grenzenlose Weite, über mir die glänzende Sonne, hinter mir das Mega-Monster! Mein Atem stockt. Die Szenerie überwältigt mich optisch-emotional. Ich höre auf zu denken. Ich bin. Hier. Jetzt. Mittendrin. Ein tief meditativer Moment. Es gibt kein Gestern und kein Morgen. Kein Vorher und Nachher. Es gibt nur die überwältigende Landschaft, das unglaubliche Gefühl endloser Weite.

Und die nächste Welle.

Genial!

KIWIS MIT BEINEN?

Ich besuche „Russel", die alte Hauptstadt Neuseelands auf einer ruhigen Halbinsel. Am heutigen Tag habe ich nichts weiter vor, klettere auf den höchsten Aussichtspunkt und meditiere ein wenig. Da stolzieren zwei komische Vögel an mir vorbei und beäugen mich kritisch. Ich äuge kritisch zurück: die beiden sehen aus wie Hühner, sind aber kleiner. Sie haben eine ungewöhnliche Körperform, eigenartig verbogene Schnäbel, verstümmelte Flügel und eine braun-grau-vermatschte Farbe. „Was für hässliche Viecher", denke ich und stecke mein Knipsgerät wieder ein – ich hatte überlegt, ob ich von dem Vogel, der mich herausfordernd-posierend zehn Zentimeter von meinem Schuh entfernt anblickt; auch ein Foto machen sollte. So wie alle anderen Touristen, die im Sicherheitsabstand um „uns" herumstehen und gaffen. Ich denke mir noch:

„Sind die bescheuert! Die machen ja echt von jedem dahergelaufenen Vieh ein langweiliges Touri-Foto!"

Kurze Zeit später, mit neuer Info, denke ich mir:

„Wie bescheuert bin ich?"

Die beiden zerrupften Federviecher, die mich umkreisten, waren zwei Kiwis – die Nationalvögel Neuseelands. Sie sind sehr selten und fast nie so zutraulich geschweige denn bei Tageslicht zu sehen! Und eins der Viecher hockte fast auf meinem Schoß! War's einfach nur Zufall oder die Ruhe, die ich durch meine Meditation ausstrahlte?

Zum Trost über den verpassten Schnappschuss zeichne ich mir eine Erinnerungsskizze von dem abgerockten Federvieh:

RUSTY, DIE LOKOMOTIVE

Neuseeland, Südinsel. Ich trete und schnaufe, schnaufe und trete. Ein neuer Tritt ins Pedal. „Ich bin ein Zug, ich bin ein Zug", spreche ich mir vor, in der Hoffnung, die Widerstände in meinem Körper zu überwinden.

Bei der Wahl einer neuen Herausforderung

> Option 1: mit einem **Bungee-Seil** 80 Meter in die Tiefe stürzen und dann in einer 400 Meter langen Amplitude auspendeln;

> Option 2: **131 Kilometer** in drei Tagen mit dem Rad überwinden,

entschied ich mich für letztere. Nach meinem Fallschirmsprung war das für mich die größere Herausforderung. Und so radele ich nun den **„Otago Central Rail Trail"** entlang. Das ist eine alte Eisenbahnstrecke, die zum Radweg umgewandelt worden ist. Nachdem hier im Süden der Goldrausch vorbei war, brauchte man die Strecke nicht mehr und die Gleise wichen dem Schotter, auf dem ich mich nun abstrampele.

Geschafft! 48 Kilometer und **294 Schweißtropfen später** bin ich am ersten Zwischenziel angekommen. Ich sehe: ein Geschäft, eine Schule, ein Hotel. Das Geschäft ist eine Herberge, die Schule ist eine Herberge, das Hotel ist – Überraschung – eine Herberge.

Nachdem ich es versäumt hatte zu trinken und keine Gastronomie auf dem verlassenen Weg vorhanden war, stürme ich die Bar des Hotels. 1856. John Wayne betritt den Salon. Alle schauen von ihren Biergläsern auf, 18 Augen richten sich musternd auf ihn. Unbeirrt geht er stolzen Schrittes an die Bar und bestellt mit tiefer, verrauchter Stimme: „Ein Tonic-Wasser – zum Mitnehmen, bitte."

Es sind neun Burschen, alle im karierten Hemd, alle um die 50. Alle haben tiefe sonnengebrannte Furchen im Gesicht, alle tragen mit Erde beschmierte Stiefel. Das hier ist also die **Après-Ski-Halle der Landwirte.**

Später lerne ich, dass nur 11 Menschen im Dorf leben und 20 im gesamten Tal. Moment mal, da waren neun Leute an der Bar (plus Wirt)!

Ich komme in der alten Schule unter – genauer im vorherigen Abstellraum für Sportgeräte. Darin befindet sich – wie süß – ein Heizradiator von gigantisch kleinen Ausmaßen (30 x 20 x 5 cm) für ein Zimmer aus dünnsten Holzwänden. Es neigt sich dem Herbst zu. Erkennbar daran, dass ich nachts zusammengerollt wie ein Igel mit sämtlichen Sachen aus dem Koffer, die man „zwiebelschalengleich" übereinander anziehen kann, schlafe. Die Oberfläche meines iPads fühlt sich am Morgen kalt und gefroren an wie eine Schlittschuhbahn:

Nach frostiger Nacht schmökere ich beim Frühstück in dem ordentlich recherchierten Klappordner, den die Gastwirtin angefertigt hat. Darin: Sämtliche Zeitungsartikel, die in den letzten 110 Jahren über das Dorf geschrieben worden sind. **Es sind sechs Stück.**

27 Schüler jeden Alters wurden einst in Kleingruppen in dem einzigen Schulraum, in dem ich gerade mampfe, unterrichtet. Die Lehrerin hat hier 1906 gerade mal 90 britische Pfund verdient – im Jahr. Die Schule wurde geschlossen, als es nur noch vier Schüler waren. Zum Vergleich: Das einzige Gymnasium in meiner Heimatstadt Lauchhammer wurde geschlossen, als es weniger als 400 Schüler wurden.

An den Wänden hängen ausgeblichene Schwarz-Weiß-Bilder aus der Zeit des Goldrausches. Im Frühstücksraum liegen Bildbände aus den 1930er Jahren. Nun fällt mein Blick auf ein kleines Spendengefäß mit der Aufschrift: „Wir-wollen-unsere-Station-zurück-Verlosung". Damit sammelt die Gemeinde im gesamten Ort (also in der alten Schule, in dem alten Lebensmittelgeschäft und im Hotel) dafür, dass das alte Bahnhofstationsgebäude wieder errichtet wird. Es gibt aber weder Gleise oder eine Funktion, noch ist das Häuschen schick. Diese Menschen leben hier tief in der Nostalgie verhaftet. Wenn doch bloß wieder die alte Station am rechten Platz wäre! Das wäre soo schön ... **Hier ist die Vergangenheit die Zukunft der Menschen!** Ein interessantes Phänomen. Und ein Lebenskonzept, dem ich so gar nichts abgewinnen kann.

Am dritten Tag sinke ich erschöpft mit einer Ginger-Zitronen-Fassbrause auf einem Stuhl nieder und freue mich, dass ich die 131 Kilometer bewältigt habe. Ich erzähle das später stolz einem Freund. „Super!", meint Klaus, der an einem Tag gut mal 130 Kilometer mit seinem Rennrad wegputzt. „Ja, es waren schöne drei Tage!", setze ich euphorisch drauf. Klaus wird plötzlich so komisch still.

DIE GROSSE WELLE IM KOPF

Nächste Station. Neues Glück. Ich bin zurück auf der wärmeren Nordinsel – eine Woche Wellenreiten im angeblich besten Surfspot Neuseelands: **Raglan.** Die Jugendherbergen sind hier genial: In einer kann man hoch über dem Tal in alten Eisenbahnwagons mit bombastischem Blick auf Meer und Berge übernachten. Ich entscheide mich für die luxuriöse Alternative mit Sauna, Whirlpool und jeder Menge Spielzeug (20 Surfboards, einer Slackline, Skateboards, Tennis- und Golfschlägern).

Während ich nach drei Tagen hier frühstücke und auf den Fluss schaue, merke ich plötzlich, dass meine Schultern hochgezogen und angespannt sind wie bei einem Tiger, der zum Sprung bereit ist, um eine Gazelle zu zerfleischen. Voller Spannung, Energie. Doch es gibt keine Gazelle. **Ich bin kein Tiger.** Es geht um keinen Überlebenskampf. Die Fragen, die mich erstarren lassen, sind banal:

Ist heute ein 6- oder ein 7-Fuß langes Surfbrett besser?

Soll ich 2 oder 3 Wochen für Tahiti, mein nächstes Ziel einplanen?

„Luxusprobleme!" Ich weiß. Dennoch denkt mein Gehirn darüber nach. Ich habe einen **Wusel-Rückfall!** Meine grauen Zellen sind im Problemlöse-Modus und führen ein Eigenleben. Sie wollen beschäftigt sein. Bemerkenswert, dass ich bei diesen banalen Fragen genauso angespannt bin wie bei der Entscheidung, wie ich meine 3.000 Euro Werbebudget investiere.

Das kleinere Surfbrett ist besser, weil ich damit leichter durch die großen Wellen hinauspaddeln kann, ...

... aber das größere verleiht mehr Stabilität ...

Wenn ich 2 Wochen in Tahiti bleibe, spare ich Geld ...

... aber ich bin wahrscheinlich nur einmal im Leben auf der Trauminsel – sollte ich das nicht nutzen?

... andererseits bin ich danach in Südamerika und will dort noch ausreichend Zeit und Geld haben.

Stopp!

Diese Gedanken und Abwägungen sind an sich berechtigt und müssen irgendwann mal zu Entscheidungen führen. Aber nicht der Inhalt der Gedanken ist das Problem, sondern die Art des Denkens: Mein Gehirn führt ein Eigenleben. Ich arbeitete ja selbst daheim nicht wirklich zu viel – selten mehr als 30 bis 45 Stunden pro Woche. Schließlich habe ich gelernt, meinen Tag gut zu strukturieren. Aber ich war dabei zu angespannt. Meine Gedanken und mein Ehrgeiz lassen mich nicht los. **Ich will mich ja bremsen, aber mein Gaspedal klemmt!** Angeblich frisst das Gehirn im Stress 30 Prozent mehr Energie. Ohnehin verbraucht es beim intensiven Denken, Lesen, Schreiben 50–70 Prozent der Körperenergie. Was war mein Job als Doktorand und Autor? Gründlich denken, lesen, schreiben. Sechs bis acht Stunden am Tag! Kein Wunder, dass ich kaputt war.

Du kannst vor der Kälte, dem Lärm, vor deinem Boss, Nachbarn oder gar vor Verwandten weglaufen. Aber nicht vor dir selbst. Auf einer Reise nimmst du alles mit: deine Persönlichkeit, deine Stärken, Schwächen, Wünsche, Ängste, antrainierte Verhaltensmuster. Eigentlich ist das genau das Schöne am Allein-Reisen, dass die **eigenen Ecken und Kanten** viel bewusster werden. Im Spiegel einer fremden Kultur, anderer Menschen und eines anderen Ortes sieht man sich selbst in einem besonderen, magischen Licht, das die eigenen Umrisse und Schatten deutlicher hervortreten lässt.

Aber was mache ich nun? Jedes Mal, wenn ich den Laptop aufklappe, kommen meine Stressmuster zurück. Ich kann supergut wie ein Koala faul in der Gegend herumliegen – wenn ich aufs Meer blicken kann, bin ich glücklich. Doch sobald ich auf den blöden Bildschirm starre, verwandelt sich der relaxte Koala in ein hyperaktives Wusel, das glaubt, die Welt JETZT! HIER. SOFORT! retten zu müssen.

Mir wird klar, dass ich nicht zum Chill-Out-Mönch werde, indem ich ein Jahr lang rein gar nichts mache. Ausreißen, ignorieren, weglaufen – bringt wohl (leider) nicht so viel. Nach meiner Rückkehr würde ich wahrscheinlich denken: „Jetzt muss ich ein Jahr nachholen und Vollgas geben." Besser, ich arbeite daran, entspannter zu arbeiten. Wie?

- Ich experimentiere weiter mit meiner Arbeitsweise und verordne mir zum Beispiel **„10 achtsame Atemzüge“** am Tisch, bevor ich den Laptop aufklappe. Ich halte mitten im Arbeiten inne, wenn ich mich bei meinem Glaubenssatz – „Du musst jetzt flink fertig werden.“ – ertappe.

- Zudem nehme ich meine **Zivilisationsfesseln** (Telefon und Tablet) mit zur Meditation und beobachte, was in meinem Kopf und Körper vor sich geht, wenn ich „Du könntest doch jetzt schnell XY nachgucken“-Impulse verspüre.

- Ich stelle mir **Menschen vor, welche die Ruhe einfach weg haben** und nehme sie mir zum Vorbild: Der Skipper vom Segeltörn in Australien; ein befreundeter Unternehmer aus Bremen; mein Kumpel, der gerade 10-Tage-Schweigemeditation im Kloster hinter sich hat und ein „Komme, was wolle“-Ruhepol geworden ist.

... und ich beschließe meine Reise nach Tahiti zu nutzen, um nochmal komplett den Stecker rauszuziehen. Eine Digital-Detox-Diät. Kein Internet, kein Telefon. Keine Fachbücher. Nichts, das mein Gedankenkarussell anschieben könnte. **Martin unplugged!** Auweia. Mir wird etwas mulmig. Ob das gutgeht?

So niedlich klein sind die Bäumchen hier

In Neuseeland stecken die Besonderheiten im Detail: Die Neigung und Form der Grashügel ist anders. Der vulkanische Ursprung prägt die Landschaft auf eine eigene, fast unheimlich anmutende Art.

Ca. 80 Prozent aller Tiere und Pflanzen sind endogen, d. h. sie kommen nur in Neuseeland vor. Selbst die Schafe scheinen anders zu gucken als bei uns.

Und so entstehen die märchenhaften Zauberwälder und Landschaften, in denen Hobbits und andere Fabelwesen gedeihen können.

WORAN DU MERKST, DASS DU ZU LANGE IN NEUSEELAND BIST

Der Strand ist für dich nur eine weitere Straße.

Du plückst dein Abendessen direkt am Felsen im Wasser.

Du betrachtest Hobbits als Ureinwohner.

Du lässt dein Weitwinkel-Objektiv permanent auf der Kamera, um die Schönheit der Natur zu erfassen.

Du springst von jeder Brücke, an der man nur halbwegs ein Bungee-Seil befestigen kann.

Du betrachtest blutjunge deutsche Work & Traveler als Bevölkerungsgruppe.

Du trinkst Cider lieber als Bier.

Du surfst wie ein kleiner Gott – mit doppeltem Neopren im eiskalten Wasser.

Du kannst 12 verschiedene Schafsorten anhand ihrer „Mäh-Möh-Mööhöh" – Geräusche differenzieren.

Du bezeichnest Ortschaften über 15.000 Einwohner als „Großstadt".

Du verehrst „Kiwis" und verschickst sie gleichzeitg in deutsche Supermärkte.

Du pupst hemmungslos, weil es im Vulkangebiet ohnehin nach Schwefel riecht.

TAHITI & MOOREA

Der Zeit-Zauberer

Ich bin Zeitmanagement-Experte und kenne viele Tipps, um mehr aus einem Tag herauszuholen. Das ist alles kein Hexenwerk, sondern es sind handfeste Methoden, die jeder erlernen kann. Dennoch wünschen sich viele einen 48-Stunden-Tag. Unmöglich! Man kann die Zeit nicht anhalten. Na und? Ich hab's trotzdem gemacht! Mit meinem Flug nach Tahiti werde ich zum **Zeit-Zauberer.**

Am Vorabend zu meinem Geburtstag treffe ich mich mit Freunden auf dem Fernstehturm in Auckland. Ein toller Ort, denn es ist das höchste

Mein Geburtstagskuchen

Gebäude der südlichen Hemisphäre. Am nächsten Morgen, meinem eigentlichen Geburtstag, frühstücke ich ausgelassen und steige in den Flieger nach Osten. Der Clou: Der Flug überquert die Datumsgrenze. Somit fliege ich am 7. April los und lande am 6. April auf Tahiti.

Wow! **Ich habe die Welt gestoppt,** bzw. sogar einen Tag zurückgedreht! Das heißt: **Morgen habe ich noch einmal Geburtstag!**

Wie cool ist das denn? Du hast an zwei Tagen Geburtstag! Stell dir vor: zweimal Party, zwei Geburtstagskuchen, doppelt so viele Geschenke!

Mein **Gedankenexperiment** geht weiter: Wenn wir unsere Zeit wirklich derart verlängern könnten, könnten wir auch zweimal Weihnachten feiern, den Abgabetermin für unsere Steuererklärung um einen Tag hinausschieben. Oder wie wäre es, die vermasselte Führerscheinprüfung zu wiederholen?

Andererseits kann ein doppelter Geburtstag auch unerwünschte Nebenwirkungen haben: Man muss zweimal eine Runde Bier ausgeben, man bekommt doppelt so viele sinnlose Geschenke, und – oh Graus – bin ich nun gleich zwei Jahre älter geworden??? Hmm. Meine Ideen sind noch nicht ganz ausgereift. Das erfordert mehr Recherche ...

Was funktionieren sollte: den Hochzeitstag auf einen 29. Februar legen, dann können wir ihn nur alle vier Jahre vergessen. Eine andere Möglichkeit wäre, einen kompletten Tag zu überspringen, statt zu wiederholen. Das passiert, wenn man andersherum, von Ost nach West, über die Datumsgrenze hüpft. So ließen sich müde Montage umschiffen oder Geburtstage einfach auslassen (bei gestiegenem Alter recht praktisch).

Eins habe ich mir nun fest vorgenommen: Einmal ordentlich Silvester feiern, in der Nacht nach Westen fliegen, so den 1. Januar überspringen und am 2. ankommen. Damit würde ich mir den fiesen Neujahrskater sparen!

Meine Geburtstagsparty: eine spontane Akrobatik-Show.

TAHITI: INSEL DER TRÄUME

Wenn du Fernweh hast, versetzt dich Tahiti in höchstes Fieber. Es gibt wohl kaum einen Ort, der sich entlegener anfühlt (bis auf Tonga natürlich). Tahiti besitzt die größte Entfernung zu anderen Kontinenten und Inseln. Deswegen muss das Land „Weit, weit weg" aus dem Shrek-Film nach meiner Berechnung hier liegen. Ich meine, sieh dir mal die Entfernung zu den nächsten nennenswerten Städten an:

Auckland:	4.100 Kilometer (5 Flugstunden)
Honolulu:	4.500 Kilometer (6 Flugstunden)
Sydney:	6.200 Kilometer (8 Flugstunden)
Los Angeles:	6.600 Kilometer (8 Flugstunden)
Santiago de Chile:	7.900 Kilometer (10 Flugstunden)

Zum Vergleich: Die Strecke Hamburg–Rom beträgt gerade mal 1.600 Kilometer. Und vergessen wir nicht: Allein der nächste dieser Orte, Los Angeles, ist von uns aus gesehen 12 Flugstunden entfernt. Wenn du also mal deine **Ruhe** haben willst, weißt du nun, wohin du gehen kannst.

Und jeder Meter Entfernung lohnt sich: Tahiti ist die Fusion von saftigem, grün schillerndem Himmels- und Meeresblau und üppig geformten Kurven und Hügeln: Ja, ich meine die tollen bis zu 2.241 Meter aus dem Meer ragenden Inselberge, die steil und eindrucksvoll direkt ins Wasser abfallen. Ihr Anblick ist atemberaubend! Man glaubt es kaum: Tahiti gehört zu Frankreich und damit zur EU! Es gibt zwar eine eigene Währung, aber faktisch bin ich zuhause in Europa.

Leider gibt es kaum Busse, oder sie fahren nur vormittags. Unmöglich kann ich so an einem Tag die Insel umrunden. Ein Mietwagen erscheint mir erst zu luxuriös, aber er ist jeden Cent wert: Ich kann die Insel in meinem eigenen Tempo erkunden und halte an jeder Bucht und in jedem Tal. Es ist einfach überwältigend schön. Ich toure 4 Tage im Schneckentempo über die Insel. Und das ist toll! Ich bin voll in meinem Element, vergesse Raum und Zeit. **Ich genieße.**

SIEBEN WARNSCHILDER. NA UND?

Ein maskuliner, metrosexueller Cowboy des 21. Jahrhunderts mit wohldurchdachter Wuschelhaar-Frisur und gewolltem Dreitagebart schaut entschlossen-konzentriert über das Lenkrad. Er gibt Gas! Sein auf Hochglanz polierter dunkelbrauner Land Rover mit stahlhartem Bullenfänger als Stoßstange vorn und überdimensionalem Reservereifen hinten windet sich dynamisch-mühelos durch das Unwetter die 52 Grad Steigung aus Eis hinauf. Die Frisur: sitzt. Der Reifen hat Grip. Der Held der Werbeszene kann sein inneres Kind mal so richtig austoben. * Schnitt! Einblendung von Markenzeichen und Slogan: „Land Rover: Go beyond!"

Eine tolle Szene, wie sie sich für mich exakt so in Tahiti abgespielt hat. Ersetze nur den 4x4-Power-Allradantrieb des hochgefederten Geländewagens durch einen **abgerockten weißen Peugeot 107 mit Sommerreifen.**

Und die Geschichte dazu geht so: Tahiti ist eine wunderschöne Insel, und ich wollte deswegen auch in ihr Innerstes vordringen. Nur eine einzige Straße führt über die Insel, und die darf nur mit einem Jeep mit Allradantrieb befahren werden. Eigentlich. Ich finde das gerade doof. Was soll ich denn mit bescheidenem Budget und großer Entdeckerlaune machen? Eben. Ich ignoriere einfach mal die zahlreichen Warnschilder.

Die Straße führt mich über deftige Schotterpisten, durch Flüsse, über wackelige und enge Brücken und windet sich in extremer Steillage bergauf und bergab. Ob das mein teuflischer Peugeot mitmacht?

Spätestens als ich die grasüberwucherten, holperigen Pisten entlangscheppere, über glutheißen Asphalt brause, weiß ich, warum man hier nur mit einem Geländewagen lang fahren darf. Dann wird es noch brenzliger. Dieser eine Hang sorgt für Respekt. Er ist wirklich steil. Und lang. Langsteil-Steillang. Steilhang? Puh, ich merke die Hitze ...

PISTE TRES
DANGEREUSE
ACCES AUX RISQUES ET
PERILS DES UTILISATEURS

SAUF
4x4
9 km

Ich zögere. Bleibe stehen. Denke ruhig – mach jetzt keinen Blödsinn! Es ist ja kein Problem, wenn es der Wagen nicht schafft. Aber was, wenn ich auf halbem Weg stecken bleibe? Na gut, runter kommt man immer, dafür sorgt die Schwerkraft. Heil runterkommen ist von Vorteil (habe ich mir sagen lassen). Jede Handlung, die ich vollziehe, muss jetzt sorgfältig abgewogen werden, denn schließlich muss ich ja diese ganze Strecke auch noch zurück schaffen.

Normalerweise hätte ich mich das wohl nicht getraut. Doch plötzlich drängen die Erfahrungen der vergangenen Monate wieder in mein Bewusstsein:

- Mein Fahrer aus der Mongolei, der mit seiner klapprigen „Limousine" ständig zu schnell neben der Straße fuhr.
- Das Befahren von Stränden mit Wasserüberquerungen in Australien.
- Meine Beobachtung, dass selbst auf der steilsten Straße der Welt in Neuseeland Touris mit einfachen Mietwagen oben ankamen. Die Motoren jaulten zwar laut, aber es war möglich.

Was kann also schiefgehen? Ich drehe den Zündschlüssel um und starte den Motor. Der Peugeot ächzt. Schimpft. Quält sich den Berg rauf wie ein überlastetes Zugpferd. Doch voilà: Diese Hürde ist geschafft. Eine halbe Stunde und mehrere lautstarke Steinkollisionen später bin ich am Gipfel des Berges – und **am Höhepunkt meines Glücksgefühls.** Geschafft! Dieser Ausblick – atemberaubend. Unbezahlbar dieses Gefühl, das Abenteuer und die Mutprobe bestanden zu haben! So fühlt es sich also an, wenn man die Komfortzone ein wenig gedehnt hat. **Ich fühle mich sehr lebendig. Und wach.** Ich spüre einen Boost an Endorphinen, Dopamin, Serotonin. Glücks- und Entspannungshormone sprudeln munter durch meine Adern wie frisch geöffneter Champagner. Toll!

DER MAGISCHE BLUMENCODE

Es gibt in der Südsee einen Geheimcode, der etwas mit den schicken Blumen zu tun hat, die sich die Mädels hier so oft hinters Ohr stecken. Dahinter verbirgt sich der Beziehungsstatus:

Steckt die Blume links hinterm Ohr, heißt das:
„Ich bin Single und noch zu haben."

Steckt die Blume rechts hinterm Ohr, heißt das:
„Sorry, ich bin leider schon vergeben."

Nicht schlecht. Ich habe sogar einige gesehen, die hatten gleich zwei Blumen im Haar. Bedeutet das: „Ich bin zwar vergeben, aber einem Seitensprung nicht abgeneigt"?

Und was ist, wenn die Blume hinten im Haar steckt? Einer Einheimischen zufolge heißt das wohl: „Ich bin zu haben. Jetzt! Hier. Sofort!"

Rate mal, wo sich die älteren Touristinnen (unbewusst) die Blumen hin stecken? – Richtig.

GEHEIMTIPP: MOOREA

Ein Matterhorn. Ein zweites daneben. Beide erheben sich beeindruckende 800 Meter über einer palmenumsäumten türkisfarbenen Lagune mit malerischen Strohdach-Bungalows am Wasser. Paradiesisch! Neben den schroffen Steinfelsen ist hier alles saftig grün. Unter meinem Holzsteg plätschert das Wasser, ein paar bunte Fische schwimmen vorbei.

Unterbrochen wird die Idylle nur durch das regelmäßige dumpfe Geräusch meines Kopfes, der fassungslos auf die Holzplanken aufschlägt. * Klong! Klong! Er kann die Schönheit dieses Ortes einfach nicht begreifen. Nicht in Worte fassen. Meine bisherige Gleichgültigkeit gegenüber den Orten – Australien, Neuseeland, alles „ganz nett" – ist mit dem sanften Wind verflogen. Das hier ist superb!

Moorea – das sollte ich erklären – ist die Nachbarinsel von Tahiti. Sie ist nah und mit der Fähre in 1 bis 2 Stunden gut zu erreichen. Und unbedingt zu empfehlen. **Ich meine, die Bewohner von Tahiti machen HIER Urlaub!!!** Die Insel ist kleiner, ruhiger, noch schöner. Sie ist der eigentliche Star in Französisch-Polynesien.

Vielleicht ist die Insel ja tatsächlich noch ein Geheimtipp. Jedenfalls bin ich fast allein in meinem Resort. Im Gegensatz zu Tonga finde ich das nicht komisch, sondern gut. Das Paradies gehört mir. MIR ALLEIN!!!! Ahhhhhhh ...

DIGITAL-DETOX: MEINE INTERNETDIÄT

Dr. Martin's Anti-Wusel-Rezept: Ich hatte mir ja in Neuseeland noch mehr Ruhe verordnet. Hier löse ich das ein und verbringe die Zeit auf Moorea wie ein Eremit: Zurückgezogen, schweigend, passiv. Dank meines tollen Beach-Bungalows mit Panorama-Fenster scheint es mir, als würde ich direkt neben dem schlummernden Vulkan-Krater-Berg schlafen. Ich habe alles, was ich brauche: mein Feierabendbierchen und meinen Steg, der weit aufs beruhigend plätschernde Wasser hinausragt. Und zwei gute Romane, die mich in ihren Bann und meine Gedanken in andere Bahnen ziehen.

Ich mache Urlaub vom Reisen. Wie kurios ist das denn? Und wie wichtig! Keiner, der es nicht selbst erlebt hat, wird es mir glauben. Aber das ständige Planen, Kalkulieren, Abwägen, On-tour-durchgeschüttelt-Sein kann auch schlauchen. Deswegen trenne ich meine Tour mittlerweile zwischen Reise- und Urlaubsphasen.

Ich mache hier jedoch auch Urlaub von der Welt. Denn selbst in der hintersten Ecke der Welt gibt es Internet, 12 Mail-, Facebook- und andere Social-Media-Kanäle zum Checken, mein iPad droht mir noch mit 25 Fachartikeln, die ich unterwegs eigentlich lesen wollte ... Es ist gar nicht so leicht, mental auszusteigen, wenn dir die elektronische Wirklichkeit selbst noch im hintersten Winkel dieser Erde offensteht. Abstand ist gut. Abschalten besser.

Also: **9 Tage kein Internet**. Keine Kommunikation. Abgemeldet bei den Eltern, bei der Freundin. Diese digitale Diät fühlt sich anfangs ungewohnt an, doch bald schon recht gut. Ich bin hundert Prozent ausgeloggt. Erleichterung. Druckabfall.

Ich habe mir zwar keine konkreten Entspannungsziele für meine Reise gesetzt: **„Geht die Entschleunigung auch schnell genug?"** wäre ja auch irgendwie die falsche Frage. Dennoch denke ich dieser Tage darüber nach, was sich bisher so bei mir verändert hat und erkenne 5 Phasen:

1. Phase: Festhalten. Nach einer Woche Abenteuer in der Mongolei habe ich mich in Beijing voll in den Sprachkurs vertieft und nebenher noch relativ viel organisiert. Das fand ich dort okay, denn ich kannte Peking ja bereits. Doch im Nachgang realisiere ich, dass ich dort noch tief im Stress-Flash war und die ganze Arbeitsaktion ein schmutziger Trick meines Gehirns, um in seinen gewohnten Routinen und Verhaltensweisen zu bleiben.

2. Phase: Verdrängen. In Fiji hatte ich hingegen überhaupt keine Lust auch nur einen Finger zu rühren. Ich hatte mein Paradies gefunden, vor Ort, und auch im Kopf. Das wollte ich maximal ausnutzen. Ich wurde fast aggressiv, wenn ich mal in die Mails geschaut habe und dort Dinge anstanden, die mehr als 15 Minuten meiner Aufmerksamkeit benötigten. Ich wollte nicht mehr ständig funktionieren.

3. Phase: Sensibilisierung. Ich merkte in Neuseeland, dass sich meine Stressautomatismen direkt wieder mit gewohnten Arbeitsroutinen wie Mails checken oder texten anschalteten. Deswegen versuchte ich eine homöopathische Arbeitsweise – in kleinen Dosierungen, damit sich nicht der „Ich-muss-jetzt-unbedingt-alles-abarbeiten"-Wusel anschaltet. Ich versuchte mit einer meditativen Haltung zu arbeiten, sehr bewusst und achtsam beobachtend, welche überflüssigen mentalen Programme in meinem Kopf angeschaltet werden, die nur Nervosität und falschen Ehrgeiz erzeugen.

4. Phase: Systematisierung. In dieser Phase holte mich das Deutschtum wieder ein und ich versuchte eine Regelmäßigkeit zu etablieren, um die Arbeiten-oder-nicht-Entscheidung vorwegzunehmen. Ich nahm mir vor, die 4-Stunden-Woche von Tim Ferriss (nicht mehr als 4 Stunden in der Woche arbeiten) mal auszuprobieren. Dafür wollte ich nur einen Tag in der Woche das Notwendigste abarbeiten damit der Kopf in der restlichen Zeit wirklich Ruhe hat. Während ich bisher den Laptop als Reisebegleiter etwas lästig fand, konnte ich ihn nun als Mittel, meine grauen Zellen mal wieder etwas in Schwung zu bringen, wieder wertschätzen.

5. Phase: Innerer Frieden. Bei Phase 5 bin ich noch nicht, aber ich wünsche sie mir: Die Arbeit als Teil meines Lebens zu akzeptieren, nicht in Überehrgeiz zu verfallen und auf ganz natürliche Weise, locker-lässig Prioritäten zu setzen und entspannt das zu tun, worauf es ankommt. Mich auf das Leben, den Genuss hier und jetzt zu konzentrieren.

So viel kann ich schon verraten, dass mir die Reise und die verschiedenen Arbeitsexperimente sehr geholfen haben, diesem Zustand näher zu kommen.

Die ruhigen Offline-Tage helfen. Ich liege auf meinem Sonnensteg am Wasser, lese, denke, höre Musik, meditiere und mache ganz viel: nix. So komme ich richtig zur Ruhe und in die Tiefenentspannung. Ganz für mich allein.

Ich habe also die Zeit physisch angehalten (in Tahiti) und mein Grübel-Karussell (in Moorea) gestoppt. Meine Gedanken stehen still.

Der erste wichtige Teil der Reise ist damit zu Ende. Meine Akkus sind geladen, meine Nerven wieder entspannt. **Martin auf Reset.** Bereit zu neuen Taten.

Sonne auf meiner Haut.

Sanftes Meeresrauschen.

Ruhig-melodischen *Bossa Nova* im Ohr.

Wolken, die über mir zerstäuben.

Einen leichten, kühlen Wind.

Den süßen Geschmack von

Piña Colada auf der Zunge.

Den warmen Sand unter meinen Füßen.

Türkis-blaues, karibisches Meer.

Tief-blauer Himmel,
der himmlische Weiten verspricht.

Ich beobachte das *Spiel der Wellen.*

Sehe, wie die leichten Wölkchen davonziehen

oder sich langsam auflösen und

den Blick in die *endlosen Weiten*

des Himmels freigeben.

Ich bin frei. Gelöst. Ruhig.

Nippe an meinem Drink.

Beobachte spielende Hunde am Strand.

Atme tief durch. Schließe die

Augen und *träume* mich davon ...

RAPA NUI

Wie ist es zu Weihnachten auf der Osterinsel?

„Wie sich Santa Claus auf der Osterinsel (Lokalsprache: „Rapa Nui") fühlt? Leider kann ich diese Frage nicht beantworten. Denn ich komme nicht Weihnachten, sondern einen Tag nach Ostermontag auf der Osterinsel an. Vermutlich sieht es jedoch zu Weihnachten im ganzjährig stabilen Klima hier eh genauso aus wie zu Ostern. Aber das ist nur so eine Vermutung, vielleicht dekorieren sie ja die Insel auch neu.

Na gut, ich verrate das nicht zu große Geheimnis: Rapa Nui heißt bei uns im „Westen" einfach nur Osterinsel, weil sie an einem Ostersonntag entdeckt wurde. Das war sicher ein Mega-Zufall. Schau mal auf der Karte. Wo das Osterinselchen liegt. Richtig: Immernoch am Ende der Welt – aber ich hätte nicht gedacht, wieviele Enden unsere Erde haben kann!

Eigentlich zählt die Osterinsel – am weitesten von allen im Osten – noch zum **polynesischen Kulturkreis.** Doch für mich sieht es hier schon sehr chilenisch aus, obwohl ich nie auf dem chilenischen Festland war. Vielleicht liegt das an der Nationalflagge, am Spanisch oder einfach an den Gesichtern, die so gar nicht typisch polynesisch aussehen.

Es ist super hier. Entspannt. Nicht zu groß, nicht zu klein. Es gibt zwei, drei gute Cafés und Restaurants und ganze zwei Geldautomaten. Ab und an rattert ein Motorbike vorbei und man sieht den einen oder anderen **Gaucho zu Ross auf der steilen Straße ins Zentrum reiten.**

Auf der Osterinsel kann man tauchen und surfen. Das klingt gut! Doch in der Nacht zuvor hat es einen Fischer erwischt, den die hohen Wellen aus dem oder aufs Boot geworfen haben. So genau weiß man es nicht, denn seine Leiche wurde erst am Morgen gesichtet. Im Wasser treibend. *Schluck! Mein innerer Schweinehund beschließt, mit dem Surfen ein paar Tage zu warten, bis sich die Wogen geglättet haben.

Als ich nach 3 Tagen endlich mit meinem Surfbrett ins Nass wate, sehe ich plötzlich im knietiefen Wasser eine riesige Schildkröte, die mich gemütlich hinaus aufs Riff begleitet. Witzig. Und ein wenig unheimlich.

DIE VERSCHWÖRUNG

Außer mit Surfen und Feiern (ja, das Jungvolk ist aktiv hier) vertreibe ich mir die Zeit mit Sehenswürdigkeiten und besuche einen Nationalpark, wo an einem alten Vulkankrater mystische Steinhütten zu bewundern sein sollen.

Zunächst ist kein Mensch zu sehen. Wozu habe ich unten im Tal Eintritt bezahlt? Nach einer Weile am äußersten Eck des Parks nimmt mir dann doch eine Parkwächterin mein Ticket ab. Dabei zischt sie etwas wie „Psst! Psst!" und schlägt geheimniskrämerisch die letzte Seite ihres Skizzenbuches auf. Darauf ist eine Kokospalme abgebildet und ein Männchen, das unter der Palme steht und einige Kokosnüsse auf den Kopf kriegt. Ich schaue mich irritiert um: Meilenweit keine einzige Kokospalme zu sehen. Die Insel ist fast vollständig kahl! Das muss ein Geheimcode sein. Ich kombiniere alle Fakten und Eindrücke, die ich bisher auf der Insel sammeln konnte: seltsame Erdhäuser; ausgehöhlte Lavatunnel; ein totes, halb verwestes Pferd auf dem Wanderweg; die größte Satellitenschüssel, die ich je gesehen habe; die mysteriöse Kokosnuss-Zeichnung. Das alles kann nur eins bedeuten: **Elvis hält sich auf dieser Insel versteckt!**

Die Osterinsel ist so mystisch, ich kann sie mit Worten kaum beschreiben. Also versuchen wir es mit Fotos …

Lange Lavatunnel ziehen sich ein einigen Stellen durch die Insel.

WORAN DU MERKST, DASS DU ZU LANGE IN DER SÜDSEE BIST.

Du planst nicht nach der Uhr, sondern nach den Gezeiten.

Du trinkst literweise braune Wurzelbrühe am Abend.

Du lächelst ständig.

Du schläfst auf einer Bastmatte auf dem Fußboden.

Du zerkleinerst zum Dessert eine Kokosnuss mit einer Machete, statt die Kuchengabel zu schwingen.

Du empfindest zwei Busse täglich als richtig gute Infrastruktur.

Du nutzt die Korallenformationen zur Orientierung unter dem Wasser.

Du schaust in den Spiegel und ein gebräunter Körper grinst zurück.

Du kennst sämtliche Dorfbewohner (und deren Cousinen, Tanten, verstorbene Onkel) mit Namen.

Du erkennst mit einem Blick gen Himmel,
dass es in 14,3 Minuten regnen wird

Galapgos
Kolumbien
Ecuador
Brasilien
Peru
Bolivien
Buenos Aires

¿Qué Pasa?

SÜD-AMERIKA

Südamerika war ein unbekannter Kontinent für mich. Und wurde das Herz meiner Reise. Hier lebte ich „fast forward" – in vollen Zügen, voller Spannung, Abenteuer, Abwechslung.

BUENOS AIRES

Neo-urbaner Raum zwischen Nostalgie und Chaos

Ein neues Kapitel beginnt. Zum ersten Mal bin ich in Südamerika. Vorsichtig setze ich einen Fuß vor den anderen. Wie schon in Australien **fühle ich mich wie neugeboren**. Neugierig beäuge ich alles und jeden um mich herum. Ich fühle mich wie in einer neuen Welt, selbst wenn es „nur" ein unbekannter Kontinent ist. So wie Columbus Amerika und Captain Cook die Südsee „entdeckt" haben, entdecke ich eben hier ganz für mich allein eine neue, sicher nicht minder spannende Welt. Suche das Originelle, Ungewohnte. Wie ein Kleinkind tapse ich vorsichtig durch Straßen, Geschäfte und Menschenströme. Denn trotz Globalisierung und weltweiter Vernetzung weiß ich recht wenig über Südamerika.

Es gibt diesen Spruch, man solle **jeden Tag die Welt mit neuen Augen sehen.** Das ist natürlich Quatsch. Morgens sehe ich die Welt meistens mit verquollenen Linsen. Doch eine Reise macht es dennoch möglich: Du siehst die Welt nicht mit neuen Augen, deine alten Augen sehen eine neue Welt. Du fühlst dich frisch. Lebendig. Wie neugeboren.

LIEBE AUF DEN ZWEITEN BLICK

Ich sitze an einem netten, italienisch anmutenden Platz. Meine Finger tippen im sanften, nachdenklichen Takt des Tangos, den ein Show-Pärchen in der Mitte des Platzes vollführt. Die fremden Melodien versetzen mich in eine Zeit zurück, die Jahre herliegt.

Es ist Mai. Während bei uns Tulpen und Kirschblüten sprießen, geht Buenos Aires auf den Herbst zu. Tag um Tag wird es kälter: 22, 21, 20, 19, heute sind es gerade mal 15 Grad (ja, das empfinde ich inzwischen als kalt).

Aber es liegt nicht an der Kälte, dass ich die ersten Tage in dem 13-Millionen-Mega-Moloch nicht richtig warm werde. Schon vorher hatte ich mir nicht viel versprochen. Ich dachte, Buenos Aires wäre eine große, laute und unübersichtliche Stadt. Ist sie auch. Denn neben kleinen Tango-Oasen schlägt in der Stadt vor allem ein moderner Puls: die Hektik der

Großstadtmenschen als Melodie, das Gebrumme der Motoren als Bass. Ich habe eine Woche fast täglich das Hostel oder das Zimmer gewechselt auf der Suche nach einem ruhigen Ort – vergebens. Entweder es dringt Straßenlärm von außen oder Gespräche aus den Innenhöfen herein. Ich beschließe, den Trubel für den Rest meines Aufenthalts zu ignorieren und stopfe meine Ohrstöpsel nachts zwei Millimeter tiefer in die Ohrmuscheln.

Zudem macht dich jeder kirre wegen der Sicherheit. Die Rezeptionistin schaut entsetzt, als ich mit meinem iPad den Weg durch die Straßen navigieren will. „Viel zu gefährlich!" Ich tue es trotzdem, unbeschadet. Dabei komme ich mir selbst wie ein Verbrecher vor, der heimlich an den Ecken seine detektivische Technik unter dem Mantel hervorzieht, um kurz auf Google Maps zu schauen.

So dauert es ein wenig, bis ich die kleinen netten Ecken erkundet habe. Vielleicht kennst du das: Ihr kennt euch schon eine Weile und denkt euch nichts dabei ...

Plötzlich kommt der Moment, in dem du dich verliebst.

Bei mir kam er an einem Sonntag, als ich über den Trödelmarkt von San Telmo spazierte. Diese süße Schwermut, melodische Melancholie, die Tango-Tänzer zwischendrin. Boheme und Verfall. Cafés. Steakhäuser. Krimskrams-Läden. Menschen, Charaktere, liebenswerte Spinner. Witzige Kleinkünstler, entzückte Augen. Sonne. Lange Schatten. Musik. Lebenslust. Apathie. Einzigartigkeit.

So kann ich letzten Endes doch eine protzige Lobrede auf die Stadt schwingen ... Nein, ich mag es etwas subtiler. Ich würde folgendes Rezept vorschlagen, um einen Eindruck von der Stadt zu bekommen, die gern auch als „Paris Südamerikas" umschrieben wird. Man nehme:

- 300 g italienisches Temperament, Pasta und Gestikulation,
- 400 g herzliche, sonnige Latino-Freundlichkeit,
- 150 g französischen Straßenprunk, Croissants,
- 2 Stück europäische Kaffeehauskultur,
- eine Handvoll spanischer Einflüsse in Architektur und Gesichtern,
- reich gewürzt mit einer Prise Lärm und Getümmel

und drücke den Startknopf des Mixers. Nach dem anfänglich bitteren Geschmack, mundet diese eigenwillige Mischung den meisten am Ende dann doch. Du kannst das Flair leider wahrscheinlich gerade nicht sehen, aber hören. Wenn du ein Gefühl für den Rhythmus dieser Stadt bekommen willst, dann horch mal in die Musik von „Gotan Project" hinein (z. B. ins Album „Lunático"). Diese Fusion aus Elektro und Tango trifft die elektrisierende Spannung zwischen Tradition und Moderne exzellent.

Die Buchhandlung „Athena“ im Zentrum der Stadt gilt als schönste der Welt, dabei sieht sie von außen recht unscheinbar aus. Aber innen, - innen ist sie ganz großes Theater!

DIE BREITESTE STRASSE DER WELT

Die „Straße des 9. Juli" zieht sich von Nord nach Süd durch das endlose Häusermeer und ist ein dankbarer Orientierungspunkt. Man kann sie gar nicht übersehen. Sie ist die breiteste Straße der Welt. Und misst stolze 22 (!) Spuren: Es beginnt mit einem **Standstreifen** (der ignoriert und befahren wird), gefolgt von **5 Spuren** in eine Richtung. Dann kommt ein kleiner Streifen grün, auf den sich die Omas beim Versuch, die Straße zu überqueren, retten können. Danach **weitere 4 Autospuren** in dieselbe Richtung und nach kurzem „Ruhestreifen" nochmals **eine Busspur**, bevor sich dieselbe Anordnung in die Gegenrichtung fortsetzt.

Mich fasziniert diese Straße. Ich zähle 175 Schritte von einer zur anderen Seite – das sind bei meinen Dackelbeinen ca. 150 Meter. Zeitlich übersetzt heißt das: 2 Minuten und 45 Sekunden brauche ich bis zur anderen Straßenseite:

- Erst 16 Sekunden warten auf Grün.
- Im ersten (zügigen) Schritt schaffe ich es in 47 Sekunden gerade mal bis zur Mitte.
- Es folgt eine 1:05-Minute-Rotphase und dann hüpfe ich in nochmals 35 Sekunden bis zur anderen Seite.
- In weiteren 8 Sekunden überquere ich den breiten Bürgersteig.

Nun weiß ich endlich, warum wir **100-Meter-Sprints** in der Schule geübt haben!

ABUELO
ABUELO
ABUELO
ABUELO
NEGRITA
EL ABUELO
DUFAUR
DUFAUR
DUFAUR
NEGRITA

EL ABUELO
OMBU
EL ABUELO
EL ABUELO
NEGRITA
CYNAR
EL ABUELO
EL ABUELO
EL ABUELO
DUFAUR
EL ABUELO
EL ABUELO
DUFAUR
Terry
DUFAUR
Terry

CAMBIO? CAMBIO! QUAK, QUAK!

Ich laufe durch die Einkaufsstraße. Stopp! Das ist falsch. In Buenos Aires gibt es keine Einkaufsstraße. Sondern nur einen kilometerweiten Teppich von Geschäften, die sich dicht an dicht von Nord und Süd nach Ost und West ausbreiten. Du kannst 8 Kilometer weit laufen und wirst keinen Straßenblock ohne Läden finden.

Mitten durch diesen Shopping-Ozean zieht sich eine (ebenfalls kilometerlange) Fußgängerzone. Hier wimmelt es – **wie in einem überfüllten Fischteich** – von Bewegungen, Ausweichmanövern, Hektik. Ein urbanes, geschäftiges Sich-auf-engstem-Raum-Ignorieren.

Alle zwei Meter schreit jemand „Cambio, Cambio". Das erinnert mich an das Quaken der Frösche in einem Tümpel. Cambio! Kurze Pause. Die Frau lächelt mich an: Cambio? Ich schüttele den Kopf. Sie nickt und ruft wieder in die stumme Menge: Cambio! Quak. Quak.

Was hat es mit dem urbanen Quaken auf sich? Es ist der Dollar- und Euro-Schwarzmarkt, der hier in der „Calle Florida" floriert, seitdem die Regierung den Besitz dieser Währungen verboten hat.

Argentinien war 2001 am Ende. Die wirtschaftliche Leistung sank stark und stürzte das Land in die Armut. Nach Umschuldung und Wiederbelebung munkelt man, dass es jetzt (April 2014) bald wieder so weit sei. Die Inflation galoppiert rasant. Ich treffe eine Karlsruherin, die hier lebt und für ihre Zigaretten doppelt so viel bezahlt wie noch vor einem Jahr. Die Leistungsbilanz ist deutlich negativ, daher das Verbot des Dollars. Doch es bringt nichts. Jeder versucht, seine Kröten in harte Währungen – Dollar und Euro – zu retten. Und da man diese in keiner Bank mehr tauschen kann, wird den Touristen ein Wechselkurs berechnet, der bis zu **ca. 40 Prozent höher** als der offizielle ist, um die Devisen mit ordentlicher Gewinnspanne an Argentinier weiter zu verkaufen. Ein interessantes ökonomisches Phänomen.

Und tatsächlich: Zwei Monate nach meiner Ausreise meldet Argentinien wieder Staatsbankrott an! (Oh, oh – ich wollte doch nichts kaputt machen)

PARTY OFF!

Zum Feiern kann ich die Stadt nicht empfehlen. Es gibt zwar unzählige Bars und Clubs – aber die Uhrzeiten sind unmenschlich. Wir kommen um 0:30 Uhr an einem der größten Clubs der Stadt an – und stehen vor verschlossenen Toren. Nichtmal der Parkplatz hat offen. 0:35 Uhr lässt man uns immerhin zum Eingang vor. Erst kurz nach eins öffnet der Laden! So kommt es, dass ich um 1:15 Uhr als Erster auf einer leeren Tanzfläche eines 3.000-Menschen-Clubs stehe.

Inzwischen glaube ich, diese überspäten Zeiten sind von der Drogen- und Energydrink-Industrie herbeigeführt. Und die Clubbesitzer werden entführt, geknebelt und verscharrt, wenn sie vor Mitternacht öffnen. Passenderweise fragt der Argentinier, der mich hierher geschleppt hat: „SPEED?" Und ich denke, oho, jetzt wirft der 'ne Pille. Denkste, „Speed" heißt hier der lokale Energy-Drink. Heute Abend sind hier alle auf SPEED. Tatsächlich steht Bier auf keiner Getränkekarte, das gibt es nur auf explizite Nachfrage – denn der Laden ist exklusiv von der Energy-Marke gesponsert.

e andere Alltagsdroge in Argentinien ist Mate-Tee. Er wird
s einer Pfeife aus einem „Mateccino" geschlürft, damit die
teren Teeblätter nicht mit der Zunge in Berührung kommen.

DIE NETTE KELLNERIN MIT VIERECK-GESICHT

Jumi ist Aushilfskellnerin im Café neben meiner Sprachschule. Mich fasziniert ihr eckiges Gesicht – sie sieht aus wie ein Würfel auf zwei Beinen. Sie ist russisches Adoptivkind, klaut gelegentlich Turnschuhe und springt über U-Bahn-Absperrungen. Sie besitzt eine kleine Bildhauerwerkstatt und wohnt zwei Stunden außerhalb der Stadt – mit 15 (!) Hunden. Ich kann nicht glauben, dass sie in einem Hunderudel lebt, und lasse mir die Namen ihrer Köter zum Beweis aufschreiben:

- Hermes ♂
- Yoko ♀
- Azumi ♀
- Yuri ♂
- Mercurio ♂
- Roman ♂
- Dionisio ♂
- Apep ♂
- Ripley ♀
- Lakshmi ♀
- Holland ♂
- Caballo Loco ♂
- Hawkeye ♂
- Shelly ♀
- Casper Remy ♂

Ach ja, die zwei Katzen darf ich nicht vergessen!

- Javitambien ♂
- Lamud Kaboli – ohne Geschlechtsangabe
  (in meinen Notizen steht „bipolare Katze“ – was das heißt, weiß der Geier – oder die kleine Schildkröte. Die gibt es nämlich auch noch in diesem privaten Zoo!)

Vorsicht Hundehaufen!
Eins haben Berlin und Buenos Aires
in jedem Fall gemeinsam: die Tretminen.

EIN SURREALES TREFFEN

In Argentinien treffe ich zwei gute Freunde aus Berlin, die etwa zeitgleich zu einer Weltreise aufgebrochen sind. Zur Feier des Tages gehen wir mal richtig Deutsch essen: zum Dönermann. Es fühlt sich gut an, nach 6 Monaten mitten in Südamerika so viel Vertrautheit zu erleben!

Eigentlich wollten wir uns irgendwo im Pazifik treffen. Doch ihr VW-Camper-Van brach am kältesten Punkt in Patagonien zusammen. Das Pärchen musste einen Monat auf Ersatzteile aus Deutschland warten. Nun sind sie schon 6 Monate in Argentinien – ich habe indes bereits 10 Länder bereist. **So beneiden wir uns an diesem Abend gegenseitig** – ich wünschte, ich hätte mehr Ruhe und Zeit und die beiden würden nach dem windigen Patagonien endlich gern mal an den Strand.

Bohemes Frühstück um 16 Uhr

RAF – ODER: SCHEIDEN TUT (NICHT) MEHR WEH

Buenos Aires, Künstlerviertel San Telmo. Sonntagnachmittag. Trubel auf dem Trödelmarkt, Tango mitten auf dem Platz. Hurra! In einem Café stürze ich mich auf einen freien Fensterplatz. Es ist eng. Es ist voll. Zwei Frauen setzen sich zu mir. Eine jung und lockig, die andere ist um die 40 und sieht aus wie Julia Roberts. Aus einem belanglosen Kommentar zum Cappuccino entwickelt sich ein **Gespräch, das es in sich hat:** tief, vielfältig, spannend. Wir verstehen uns blendend. Diskutieren übers Reisen, über die Welt, Ziele, Träume. Erst nach zwei Stunden klappern wir die unvermeidlichen Daten ab: Wer? Was? Woher? Wohin? Es stellt sich raus, dass Helen, die jüngere, an meiner Uni studiert und wir fünf gemeinsame Freunde haben. Die Welt ist nicht so groß, wie man denkt! ... Deshalb treffe ich bereits zwei Tage später Helen durch Zufall in der Stadt wieder. Wenig später tanzen wir Tango in einem Hinterhof der Mega-City. **So soll das Leben sein: Spontan. Frei. Frech.**

Und schon hast du wieder nette Menschen gewonnen, mit denen du einen kleinen, wunderschönen Ausschnitt deines Lebens teilst, auch wenn du sie womöglich nie wieder siehst. Doch ich weiß: Nur zwei oder drei echte, tiefe Freundschaften werden bleiben. Einige Leute werde ich kontaktieren, falls es mich wieder in eine bestimmte Region verschlägt. Der Großteil jedoch wird mit dem strengen Facebook-Filter aus dem Gedächtnis verschwinden. Ich nenne meine Bekanntschaften daher „RAF“:

Reise-**A**bschnitts-**F**reunde.

Freunde kommen und gehen. Ich habe das akzeptiert. Früher hatte ich die Illusion, dass ich (alle) gute(n) Freunde ein Leben lang behalten kann. Doch oft wurde ich enttäuscht. Viele melden sich nicht aktiv, haben plötzlich anderes um die Ohren: Alltag. Pflichten. Neue Freunde. Du musst immer die Initiative für den Austausch ergreifen. Irgendwann wird es dir zu doof.

Es ist nicht leicht, Freunde auf seinem gesamten Lebensweg mitzunehmen. Wir wandeln uns ständig. Ziehen von einem Ort zum anderen, haben verschiedene Jobs. Damit wechseln Gesprächsthemen und Interessen. Man entwickelt sich in verschiedene Richtungen. Dann verabredest du dich mit einem alten Freund, ihr sitzt beim Kaffee. Deine Gedanken schweifen ab, was er erzählt, interessiert dich so sehr wie die Sozialpolitik Ugandas. Und das, was du berichtest, wird im Gegenzug mit einem apathischen „Uhm" kommentiert. Dann schweigt man sich an. Und schweigt. Und denkt: **Ich muss weg!**

Nach einigen nostalgischen Sackgassen des Festhaltens und Hinterhertrauerns ist mir klar geworden: Von einigen Menschen müssen wir uns trennen, um uns weiter entwickeln zu können. Wir würden sonst nie andere Dinge tun als soziale Netzwerke zu pflegen.

Das Wissen, dass diese Momente mit meinen neuen Freunden vergänglich sind, lässt mich die einzelnen Treffen und Augenblicke intensiver erleben. Ich versuche die Zeit mit meinem Gegenüber zu verbringen und nicht ständig auch noch woanders zu sein, Mails und Messages hin- und herzuschicken. **Ich bin jetzt hier und voll für dich da. Danach bin ich dafür allerdings auch wieder voll weg.**

HOY 11
Spagetti + Drink 88
GUACAMOLE + BEER 98
COFFE + 3 MEDIA 30
CHOCOLATE + 11

SANDEMAN
Unicos
Único

BRASILIEN

Sonne. Samba. Skorpione.

Anflug auf Rio. Es ist dunkel. Tausend kleine Lichter blinken auf hundert kleinen Hügeln. Mystisch geformte Meeresbuchten in der Ferne. Funkelnde Schiffe. **Ein toller erster Eindruck!**

Er sollte nicht lange halten.

Um mir den Verhandlungsstress mit Taxifahrern zu sparen, buche ich im Flughafen ein teures Ticket. Das empfiehlt dringend der Reiseführer. Ich steige ins Auto, sage die Adresse. Ich hatte deutlich die Adresse beim Buchen angegeben und nachgefragt, ob der hohe Fahrpreis (ca. 20 Euro) auch korrekt sei. Dennoch reklamiert der Fahrer in nur kontextuell verständlichem „Portuhhh-gäsch", dieses Ziel würde 5 Euro mehr kosten. Nö, oder?

Meinem Budget zuliebe will ich aussteigen, ein anderes Taxi suchen … das merkt der Fahrer und beschleunigt genau in dem Moment, in dem ich den Türgriff betätige. Ich falle zurück in meinen Sitz. Was passiert? Will er mich entführen? Ich beschließe, dass er mich einfach übers Ohr hauen will, und sein Weiterfahren bestätigt mich darin.

Ich entspanne mich etwas. Eine Minute. Dann fängt er wieder an, mich auf Portugiesisch vollzutexten. Ich verstehe nur den Kontext seiner Sätze: **„Mehr Geld!", „Mehr Geld!", „Mehr Geld!"** Ich lasse ihn reden – er versteht kein Wort Englisch und begreift nicht, dass es nichts bringt, mir weiterhin zu erklären, dass mein Ziel „vieeel weiter" ist als das gebuchte (ca. 500 Meter, wie sich herausstellt). Nur mal so nebenbei: der am Flughafen vorausgezahlte Preis ist doppelt so hoch wie der normale Taxipreis!

Angekommen. Fast. Der Gierlappen fährt einen Berg hoch, hält an einer Absperrung. Dort schmeißt er mich samt meinem Koffer raus. „Wo ist mein Hotel?" Er deutet den Berg rauf. Wie? Es ist dunkel, Rio hat eine grauenhafte Kriminalitätsstatistik. Und ich? – Habe nicht die geringste Ahnung, wo zum Teufel ich bin!

Der Fahrer macht die Biege – ohne Bezahlung. Wütend schnaubt er, besteht aber nicht drauf. Dafür, dass ich im Nirgendwo als **Gangster-Futter** ausgesetzt werde, soll ich bezahlen? Na gut, das Hinterteil bin ich los. Schnell weg, bevor er seinen großen Bruder mit dem Baseballschläger holt …

Ich greife meinen Koffer und will die langen Treppen rauf, da kommt der Typ zurück. Steigt aus, schimpft. Nimmt meinen Koffer. Bevor ich mich entscheiden kann, sitze ich wieder im Gangster-Taxi. Wir eiern eine schmale Straße den Hügel bergauf. Endlich: Ein vergittertes Tor mit einem winzigen, unauffälligen Hotelschild bestätigt: „Mango Hostel". Wir sind da. Er bekommt seine 55 Reais – ich mein Leben und endlich Schlaf.

Über den Wolken ist die Freiheit vielleicht grenzenlos ...
aber darunter liegt Rio!

RIO: GROSSE ERWARTUNGEN TREFFEN AUF KLEINE BIKINIS.

Rio ist eine magische Stadt. Wie oft wird davon im Fernsehen berichtet. Die tolle Küstenlandschaft, die Strände, der Karneval, die Fußball-WM, Olympia. Die Medien sind voll davon. Rio hat man also schon hundertmal gesehen, ohne je einen Fuß in die Stadt gesetzt zu haben. Entsprechend hoch sind natürlich die Erwartungen. Es muss einfach toll sein!

Und ja, die Jesus-Statue auf dem Corcovado-Hügel ist sehr beeindruckend, das Altstadtviertel „Santa Teresa" süß und sehenswert. Allerdings übersieht man vorher, dass tolle Fernsehaufnahmen immer im Sonnenschein entstehen, es aber sehr oft wolkig sein kann. Und wie jede Top-Touristadt ist Rio bei den Sehenswürdigkeiten sehr teuer und ein wenig „übertouristisch": **Die Touristenströme am Zuckerhut werden abgefertigt wie am Flughafen.** Hier Urlaub machen? Die Strände von Copacabana und Ipanema sind riesig und werden von Hotels und Hochhäusern Palma-de-Mallorca-gleich umzäunt. Direkt an den Strand schließt eine vierspurige, dicht befahrene Straße an. Auf der einzig surfbaren Welle sitzen exakt 41 Leute – und Brasilianer kennen keine Vorfahrtsregeln, schon gar nicht auf dem Wasser. All das finde ich nicht so richtig entspannend.

Der Inbegriff von Rio:
Fußball, Strand, Bikinis

Erst plante ich, hier ein bis zwei Wochen zu bleiben, aber ich finde auch keine attraktive und bezahlbare Unterkunft. Rio ist schön. Schön teuer. Aber egal. Ich halte mich weitestgehend vom Touri-Kram fern. Ich finde ohnehin die Menschen und ihre Feierlaune umso spannender ...

Ein Reiseführer schreibt, Rio hätte eine der „most sexiest populations" der Welt. **Die Bikinis am Strand wären so knapp, dass man zweimal hingucken müsse, um den Stoff zu erkennen.** Eine Französin erzählt mir, sie hätte bereits einen aus europäischer Sicht zu lasziven Bikini, aber dass sie sich hier einen neuen kaufen musste. Sie fühlte sich an der Copacabana zu konservativ gekleidet. Kein Wunder, dass man die Ganzkörper-Haarentfernmethode „Brazilian Waxing" getauft hat.

Und auch im Nachtleben sieht man viel Haut - den heißen Temperaturen sei dank. Am besten überzeugt man sich davon im alten Bohemeviertel „Lapa" davon. Das liegt im Zentrum Rios und ist die absolute Partymeile der Stadt. **Ein halber Liter Caipirinha kostet übersichtliche 1,65 Euro.** Und ist gefährlich gemixt. Das Teufelszeug katapultiert mich nach nur drei Schlucken in die Feier-Umlaufbahn.

In Lapa steppt der Bär mit dem Brasilianer. Die Restaurants sind voll mit Livebands. Nach zehn Uhr abends sitzt keiner mehr. ALLE im Restaurant bewegen sich rhythmisch-zuckend-schlangenförmig in den engen Gassen zwischen den Tischen. Wer sich kein Restaurant oder keinen Club leisten kann, tanzt auf der Straße. **In Lapa ist das ganze Jahr Karneval.**

Nun bin ich in meinem ersten Club. Doch überraschenderweise erwartet mich keine Laufsteg-Model-Party, wie man von den ganzen Rio-Berichten her vermuten würde. Das Szenario hier erinnert mich eher an eine Dorfdisko: Reifere Frauen flirten oder schwingen die üppigen Hüften. Alt und jung, arm und ärmer, schön und Durchschnitt vermischen sich, wackeln mit allem, was sie haben. Paartanz ist schwer in Mode – Livebands spielen Samba und die schnellere Variante „Forró". Meine MTV-popmusikgeprägten Ohren haben Schwierigkeiten sich reinzuhören. Ich versuche den Tanz zu zweit. Nein, ich versuche es nicht, ich habe keine Wahl: Ich werde versucht! Doch meine Hüften sind beweglich wie **deutscher Panzerstahl im Vergleich zu den gelenklosen Brasilianerinnen**. Strategischer Rückzug auf die Empore! Hier kann ich die aufgeheizte Stimmung aus sicherer Entfernung genießen.

JERICOACOARA: WO SICH MAULESEL UND SANDDÜNE GUTE NACHT SAGEN

„Da fährst du bestimmt nicht hin", dachte ich mir. Denn das Backpackerparadies Jericoacoara liegt inmitten der Nordküste Brasiliens, fernab meiner, nein, fernab JEDER Reiseroute. Eigentlich ein klares Nein: zu weit, zu umständlich.

Und doch war da was, was mich in Gedanken auf diesen Ort neugierig machte. Ich verglich Bilder verschiedener Optionen. Bikini-Badeort im Süden? Ex-Sklaven-Salvador im Norden? Düsterer Dschungel im Westen?

„Jeri" war zu weit vom Schuss weg! Eigentlich. Aber diese Bilder. Die Bilder sahen anders aus. Geheimnisvoll. Mystisch. Ich kannte keinen einzigen Menschen, der schon mal dort gewesen war. Keinen. Einzigen.

Von Rio waren es 3.700 Kilometer in die Küstenstadt Fortaleza, per Flug. Spät im schäbigen Hostel eingecheckt, früh raus. Nochmals sechs Stunden im Bus. Dann umladen, Gepäck aufs Jeepdach. Dann nochmals eine Stunde **Holperfahrt durch Pfützen und auf Wüstensand.** Ich werde abgeworfen, stehe im Staub. Wo ist das nächstbeste Hotel? Mein Energie-Akku blinkt, keine Zeit für langes Optimieren ... Pool. Gute Matratze. Passt gerade ins Budget. Gebucht! Zehn Minuten nach Ankunft liege ich bereits am Pool. Dass ich das mit meiner Optimierungswut und Unentschlossenheit mal hinbekomme, ist ein Riesen-Erfolg!

Abends stapfe ich durch den Wüstensand. Der weite Weg hat sich gelohnt. „Jeri" ist wirklich anders. Es gibt hier keinen asphaltierten Weg, Straßenbeleuchtung ist verboten. Das entspannte Örtchen versprüht eine **kreative Atmosphäre** mit liebevollen Restaurants, mobilen Strandbars und stilvollen Boutiquen. Ringsherum weite Wüstenlandschaft. Der kilometerlange Sandstrand ist ein **Windsurfer-Paradies,** das regelmäßig deutsche Profis zum Üben aufsuchen.

CACHAÇA & CIA
CACHAÇA & CIA

Jeri Drinks
Best Cocktails
CAIPIRINHA
CAIPIROSKA
MOJITO
XOXOTA
PINACOLADA
CUBA LIVRE

WATERWORLD

Ein schöner Zufall: Ich fliege direkt über den Amazonas, und zwar von der Mündung bis zum **Dschungel-Zentrum „Manaus"**. Es sieht nicht aus wie Regenwald, sondern wie viele riesige grüne Inseln, so verzweigt ist das Wasserarm-Geflecht. Die Flüsse sind riesig und bis zu 19 Kilometer (!) breit.

Ankunft in Manaus, zum Ende der Regenzeit. Ein gutes Timing: Das gesamte Gebiet ist nun überflutet, **der Wasserpegel ist 20 Meter höher als in der Trockenzeit** (richtig gelesen: 20 Meter!). Weite Teile des Regenwalds sind überflutet, wir fahren mit dem Boot über Baumkronen, die wenige Zentimeter unter dem Wasserspiegel erscheinen.

Die Häuser am Rande des Wassers sind auf Stelzen gebaut. Stelzen, die man nun nicht mehr sieht. Viele Häuschen sehen aus wie niederländische Hausboote. Durch die extremen Wasserstands-Unterschiede werden viele Häuser nicht-stationär auf riesigen Baumstämmen erbaut, eine Art **natürlicher Fahrstuhl**, der sich mit dem stark schwankendem Wasserpegel hebt und senkt.

Das ist wirklich beeindruckend. Ein komplettes System, dem Leben im Wasser angepasst: schwimmende Restaurants, schwimmende Kirchen, schwimmende Schulen. Gäbe es den berühmten Film „Waterworld" mit Kevin Costner nicht – ich hätte das Drehbuch nach meinem Aufenthalt im brasilianischen Amazonasgebiet geschrieben.

Auch das gibt's bei uns nicht: Knuffige Faultiere, die sich kaum bewegen und den ganzen Tag nur kuscheln wollen (auch wenn mir meine Freundin da widerspricht ...).

Böse Zungen behaupten auch, dass sie in dem Bild nicht erkannt hätten, wer hier das Faultier ist ...

nkstelle mit
hwimmflügeln

Das hier ist kein Strauch im Wasser, sondern die Baumkrone, die20 Meter unter Wasser steht.

FLUTLICHT IM DSCHUNGEL

Die Eindrücke der Wassermassen im Amazonas haben mich im wahrsten Sinne des Wortes überflutet. Doch die Tierwelt enttäuscht. Ich freute mich auf eine Artenvielfalt, die alles, was ich bisher im Dschungel gesehen hatte, in den Schatten stellt. Doch ich höre keine außergewöhnlichen Vogelgesänge, auch kein Affengebrüll wie z.B. in Thailand. Immerhin: Ein paar Tukane, Kaimane und Delphine hüpfen mir vors Objektiv. Es heißt, der Amazonas-Regenwald sei **das artenreichste Biotop der Welt.** Das mag ja sein, aber man vergisst, dass der Regenwald sich auch auf einem Gebiet erstreckt, das größer als Europa ist.

Um den Viechern noch ein wenig näher auf den Pelz zu rücken, habe ich ein **Jungle-Survival-Camp** gebucht. Die ersten zwei Nächte schlafen wir in einer Dschungel-Lodge. Eigentlich nichts zu Aufregendes. Wir befinden uns immer noch in einem kleinen Dorf mit acht Häusern, einer Schule und – *Trommelwirbel* – einem Fußballplatz mit Flutlicht! (Frag nicht, warum man den im hintersten Regenwald für 24 Dorfbewohner braucht. Man braucht ihn in Brasilien einfach.)

DER SCHRECK MEINES LEBENS

Ich bin in meinem einfachen Zimmer in der Dschungel-Lodge. Zum Glück mit Privatbad, sodass ich nun auf der Toilette ganz persönliche To-dos erledigen kann. Fertig, ich stehe auf. Und da hier in Südamerika die Klos nicht sehr zuverlässig sind, lasse ich den Deckel auf, um den Erfolg des Spülvorgangs zu kontrollieren. Es ist Morgen. Ich bin noch tranig. Im Halbschlaf betätige ich die Spülung. Plötzlich ...

uuaaaAAhhhHH!

... höre ich mich lautstark brüllen. Etwas Dunkles, Braunes fliegt mit Höchstgeschwindigkeit auf mich zu. Adrenalin. Atemlosigkeit. Schock! Was zum Teufel war das? Ne fliegende Wurst?

* Herzrasen. * Klopf. * Klopf.

Die Wurst hüpft weiter. *

Plong. * Hüpf. * Plong.

Von einer Ecke zur nächsten. Schließlich erkenne ich schweißgebadet: Es ist ein kleiner Frosch, der es sich im kühlen Nass unter der Kloschüssel gemütlich gemacht hatte. Ich habe ihn aufgeschreckt. Und er mich erst! Den Kaffee zum Frühstück kann ich mir heute sparen!

DAS DSCHUNGELCAMP

Mittag baden wir im Rio Negro, dem bekannten Zufluss zum Amazonas. Ab und an taucht ein rosa Delphin auf. **Dass unter uns Hunderte Piranhas fröhlich umherplanschen, erfahre ich erst später.** Diese spitzen kräftigen Zähne in einem Fischmaul – schon beunruhigend. Allerdings hat Hollywood maßlos übertrieben: die Fischies knabbern in der Regel keine Menschen an. (Es sei denn, du fällst in ein fast ausgetrocknetes Wasserloch, das keine anderen Nahrungsquellen bietet.)

Nachmittags machen wir eine kleine Waldexkursion. Markus erklärt uns die Pflanzenarten, gibt uns Paranüsse zum kosten und zeigt uns, aus welchen Bäumen man im Notfall Wasser trinken kann. Dann hebt er eine Kokusnuss an. Darin krabbelt ein kleiner Wurm. „Der frisst nur Kokusnüsse", erläutert Markus. **„Schmeckt der Wurm auch nach Kokus?"**, fragt Martin. „Ja!" sagt Markus: „KOSTE!". Martin denkt nicht, nimmt den Wurm und steckt ihn sich kurzerhand in den Mund ... Und der schmeckt: durchaus lecker. Nach – wer hätte es gedacht – Kokosnuss!

Abends fischen wir nach Piranhas. Aber die Viecher sind clever. Wir werfen unsere Angeln aus, aber keiner beißt an. Ab und an wackelt es. Jetzt! Ich ziehe die Leine hoch – der Wurm ist abgefressen, und der Piranha unten zeigt mir wieder nur seine **glitschige Stinke-Fischflosse.**

In der Nacht fahren wir ein paar Kilometer stromaufwärts, mit Hängematten und Mückenspray im Gepäck. Wir wollen im Wald campieren. Endlich, das ist die Nacht der Nächte! Eine meiner persönlichen Herausforderungen, ist es, **einmal allein im Wald zu schlafen.** Das ist eine gute Vorübung. Ich erwische einen Hängemattenplatz ganz außen. Ich hoffe, das gehört nicht zur Abendspaziergangs-Route des Jaguars! Wir spannen Mückennetze über die Hängematten und richten uns ein. Das also wird mein Bett für die Nacht sein ...

Ein Kaiman, den wir nachts aus dem Wasser gefischt haben. Liebe auf den ersten Blick sieht sicher anders aus.

Kein Anschluss unter dieser Nummer: In der Regenzeit kann man in diesem Dorf einfach nicht mit trockenen Füßen telefonieren.

HERAUSFORDERUNG? HER DAMIT!

Es tröpfelt. Nach drei Tagen im Regenwald endlich ein wenig Regen. Ausgerechnet jetzt? Der Regen wird stärker. **„Welcome to the jungle“**, ruft Markus, der Guide, und schwingt energisch seine Machete.

Schnell hat er mit ein paar Hölzern eine Konstruktion gebastelt, über die er eine Zeltplane wirft. Im Nu haben wir ein Dach über dem Kopf und retten unsere Rucksäcke darunter. Dann fängt es an zu schütten. Während sich die tiefschwarzen Wolken über uns so richtig ausheulen, läuft Markus zu Hochtouren auf. Er zaubert flink ein zweites Dach, sammelt Palmenwedel und schichtet damit eine Pyramide auf. Darunter entzündet er im strömenden Regen ein Feuer. Markus ist ein perfekter Dschungel-Guide. Er diente zwei Jahre in der brasilianischen Armee und hat dort einiges an Survival-Wissen gelernt.

Nun grillt er Geflügel-Keulen, wickelt diese in Palmenblätter mit Reis und beruhigt so unsere knurrenden Mägen, während wir das Naturschauspiel rundherum beäugen. Ich frage mich, wie gut wir in den durchnässten Hängematten wohl schlafen werden?

Nach dem Essen verkündet er: „Wir müssen zusammenpacken und zurückfahren. Es hört nicht auf, zu regnen. Aber ich wollte euch eine Idee davon geben, wie es ist, im Dschungel zu überleben." Er wusste also die ganze Zeit – seit den ersten Tropfen –, dass wir nicht in dem Nass übernachten können! Und trotzdem der ganze Aufwand mit improvisiertem Dach, Feuer und Abendessen. Wow! **So viel Energie und Leidenschaft für das, was man tut, habe ich selten gesehen.** Schon gar nicht bei Reiseführern!

Am nächsten Tag schippern wir mit einem Boot, mittels Holzdach vor Regen geschützt, durch den dichten Wald. Die Zweige kommen gefährlich nah ... Einmal ist der Bootsmann unvorsichtig und *schramm-*knacks-*krach knickt das Dach ein und fällt uns fast auf die Schädel. Markus dreht sich um, sieht das Malheur, grinst und ruft: **„Welcome to the jungle!"** Im selben Augenblick hat er schon ein Seil in der Hand und arbeitet daran, das Dach mit einer Leine zu stabilisieren.

Was für eine inspirierende Einstellung gegenüber Herausforderungen! Jedes Hindernis, wie der Regen, spornt Markus an. Er ruft dann nur „Welcome to the jungle", grinst breit und legt los. Unsereins würde erstmal fluchen und sich über die falsche Wettervorhersage beschweren. Doch im Dschungel gibt es keine zuverlässige Wettervorhersage. Jedes Jammern und Wehleiden kostet wertvolle Zeit.

SCHWARZES GIFT

Markus ist ein toller Guide. Aber auch er übersieht Dinge. Gerade kriecht er unter einem umgefallenen Baumstamm durch – es folgen 4 Chinesen, 1 Inder, 2 Engländer, 2 Deutsche und ein Martin. Keiner sieht etwas, keiner merkt etwas. Plötzlich ruft der zweite Guide, der das Schlusslicht bildet: „Hey!" Wir krabbeln zurück und sehen: Nichts. Dann – wirklich fies getarnt – erkennen wir ihn: **den schwarzen Skorpion.**

Der schwarze Skorpion ist eigentlich ein scheues Tier, das unbeeindruckt von uns eine Heuschrecke verspeist hat. Doch was wäre gewesen, wenn der Inder mit seinem Turban aus Versehen den Baum gestreift hätte?

Wenn ein schwarzer Skorpion dich sticht, bleiben dir noch zwei Stunden, wenn du kein Gegengift auftreibst. Gut zu wissen, dass von hier aus die Fahrtzeit in die Stadt zwei Stunden beträgt. Handy-Netz? Pustekuchen!

Den Skorpion haben wir alle überlebt, aber die WM treibt die Preise in schwindelerregende Höhen und mich aus dem Land. Ich mach 'nen Abflug!

11 ANZEICHEN DAFÜR, DASS DU EIN BRASILANER GEWORDEN BIST:

Du leitest bei einer Geburt die Wehen mit rhythmischen Samba-Bewegungen ein.

Durch deine Mutterbrust fließt Caipirinha.

Du spielst Fußball, bevor du laufen lernst.

Du beherrschst die perfekte Schwalbe,
bevor du Fußball spielen kannst.

Dein Bikini wiegt nur 10 Milligramm.

Du wirst im Flieger mit den Worten begrüßt: „Es ist uns eine Ehre, Sie im Land des Fußballs durch die Lüfte befördern zu dürfen."

Du findest es total normal, dass im ganzen Land nichts mehr läuft, sobald im Fernsehen ein Viert-Liga-Kick läuft.

Du gehst ins Fitness-Studio,
um dir mehr Hintern anzutrainieren.

Du hast Sex vorm Frühstück.

Du hast Sex beim Frühstück.

Du verlierst 7 zu 1 gegen Deutschland im eigenen Land.

RE
VOL
VER
ORIGINAL

KOLUMBIEN

Expedition zum Mittelpunkt meines Herzens

Die karibisch-angehauchte Stadt Cartagena vereint Welten, Kulturen und Kontinente: Gelegen an der nördlichen Spitze Südamerikas ist es die wohl am besten erhaltene spanische Kolonialstadt – eine vollständige Stadtmauer inklusive. Als ehemaliger Sklavenumschlagshafen unterlag sie auch starken afrikanischen Einflüssen. Modern kolonialisiert werden die Vorstadt-Strände durch Nord- und Südamerikaner gleichermaßen, die hier ihren Urlaub verbringen. Die unzähligen Hochhaus-Hotels am Strand sind zum Glück weit genug entfernt vom eigentlichen **Juwel**: der Innenstadt.

Es ist toll hier – kein „Uh, das habe ich anders erwartet"-Schock. Salsa-Klänge aus jeder Ecke, karibische Hitze, Strand, schöne Menschen, dunkle Menschen, tolle Architektur, gemütliche Straßen, wie ich sie mag. Die vielen neuen Eindrücke sind **farbintensiv, melodisch, faszinierend.**

Hier sitze ich im Innenhof eines schmucken Restaurants, erbaut im schicken spanischen Kolonialstil. Ich blicke durch das Tor auf einen grünen Park. Im Eingang steht ein Klavier, davor ein Tisch mit polierten Rotweingläsern. Neben mir plätschert ein Wasserbecken. Keine nervige Fußballübertragung. Stattdessen melodisch-sanfte Salsa-Musik. Seit Wochen genieße ich meinen ersten Espresso. **Glücksgefühl**! Der Kaffee verfehlt sein Ziel nicht und versetzt mich in einen lange überfälligen Schreibflow ...

Cartagena – Perle der Karibik

ENDLICH ANGEKOMMEN ... UND DANN DOCH NICHT

Trotz des perfekten Ortes, der eingetroffenen, ja übertroffenen Erwartungen, bin ich gefühlsmäßig noch nicht so recht hier. Dazu gibt es eine Anekdote aus den Gründerzeiten der USA, als die Eisenbahn gebaut wurde. Ein paar Weiße transportierten indianische Sklaven mit dem flinken Zug. Doch einmal ausgestiegen weigerten sich die Indianer, weiterzureisen: **„Bis hierhin und keinen Schritt weiter!"** Warum? Es war ihnen zu unheimlich, zu schnell. Sie warteten ein paar Tage, **„damit die Seele hinterher reisen könne".**

So wie die von der Geschwindigkeit überwältigten Indianer fühle auch ich mich gerade: **Deplatziert. Überfordert. Abgehängt.** Die letzten Wochen vergingen im wahrsten Sinne des Wortes wie im Fluge: Die **ABC-Länder** liegen hinter mir: Argentinien, Brasilien, Chile*. Innerhalb von nur sechs Wochen! Das war ein flotter Dreier, denn die drei Riesenländer sind ... ähm ... riesig. (Ich spicke: Die Fläche der drei Länder ist mit 12 Millionen km^2 größer als Europa (10 Mio. km^2). Selbst Chile als kleinstes der drei Länder ist mehr als doppelt so groß wie Deutschland.)

Reisen kann anstrengen. Nicht nur körperlich. Ich brauche eine Woche um mich in der brutalen Hitze zu akklimatisieren und schleppe mich nur mühsam, **übermüdet und dehydriert** in meine Sprachschule. Doch auch mein Kopf will nicht so recht ankommen. Ich habe einige Zeit gebraucht, um mich in Buenos Aires und in Brasilien einzugewöhnen. Um mich mit den Menschen und der Sprache vertraut zu machen. Und schwups, kaum fand ich es gemütlich, war ich wieder fort. Das ist **Terror für unserer limbisches System,** das es doch eher Kuschelig-heimelig mag. Immer wieder raus aus der Komfortzone. Ein ganzes Jahr lang ...

* Oh, ich hab Chile hier im Buch vergessen! --- Nein, natürlich nicht – aber ich war dort nur 5 Tage auf Durchreise und habe nur eine wirklich spannende Geschichte erlebt, die ich an anderer Stelle mal erzähle ...

FUSSBALLFIEBER

Zur **Fußball-WM in Lateinamerika** zu sein, ist ein Erlebnisgeschenk. Selbst für mich, der sich sonst für Fußball genauso stark interessiert wie für das Paarungsverhalten der japanischen Fruchtfliege.

Schon in Manaus, Brasilien, durfte ich den Tag des Eröffnungsspiels miterleben. In der Stadt herrschte Weltuntergangsstimmung: Die Straßen leergefegt, die Geschäfte geschlossen. Selbst der Supersize-Supermarkt verrammelte die Tore um 16 Uhr. Jemand erzählte mir, dass es in Brasilien sogar ein Gesetz gäbe, das Arbeitnehmer berechtigt, die wichtigen Spiele zu sehen. Leider konnte ich diese Info nicht verifizieren, aber wundern würde mich das nicht. „Fußballfrei" klingt gut, oder?

Dann in der Innenstadt: hektisches Wuseln, gelegentlich schießt eine Feuerwerksrakete in die Luft. Nach dem Spiel, Brasilien hat gewonnen, zehn Minuten etwas Jubel. Ich eile auf den Hauptplatz der Stadt, um einzutauchen in den Freudentaumel – doch der Platz ist bereits 20 Minuten nach dem Spiel wieder leer. Kein ausgelassenes stundenlanges Feiern. Na, gut. Es war ja auch erst der Anfang. Aber ein Hauch von „Wir wussten eh, dass wir gewinnen würden"-Arroganz lag schon in der Luft.

Zwei Wochen später erlebe ich nun das Achtelfinale in Kolumbien. In Bogotá wurde aus Vorsichtsmassnahme der Verkauf von Alkohol und Rasierschaum verboten (Kolumbianer versprühen zur Freude Rasierschaum in rauen Mengen, wenn sie gewinnen). Auch hier in Cartagena ist alles dicht. Jeder hockt vor dem Fernseher. Hofft und trötet. Trötet und hofft.

Kolumbien gewinnt! Ein Taxifahrer hupt und hupt. Er will durch die feiernde Menge durchfahren. Er schimpft. Aber keinen juckt´s. Die Polizei muss Platz schaffen. Wenig später: Ein neues Taxi kommt, der Fahrer sieht die Meute, steigt aus, feiert eine Runde mit, steigt wieder

Eins können Kolmbianer besonders gut: Feiern.

ein, dann gibt die Menschenmenge den Platz wie selbstverständlich frei. Was lernen wir daraus? Wer sich dem Umfeld störrisch widersetzt, eckt an. Wer den Schwung nutzt, kommt schneller voran.

VERJÜNGUNGSKUR

Mit neuen Freunden fahre ich zu einem Schlammvulkan in der Nähe von Cartagena. Der besitzt angeblich Wunderkräfte und kann dich 29 Jahre jünger machen ...

Die Frage bei solchen „Geheimtipps" ist natürlich immer, ob sie funktionieren. Eine Freundin war in Bolivien in so einem Vulkan, der angeblich heilen kann. Sie schwört, dass ihr Husten am nächsten Tag weg war. Und bei mir? Hat es mit dem Verjüngen funktioniert? Zumindest geistig, wie man auf dem Strandfoto vom nächsten Tag erkennen kann.

SÜDAMERIKANISCHES DISNEYLAND:

Vier Wochen bin ich nun schon in Cartagena. Kein Wunder, die Kolonialstadt gilt als schönste in Südamerika. Nirgends findet man einen derart vollständig erhaltenen Stadtkern, umrahmt von kilometerlangen Stränden – und das bei konstant karibischem Klima.

Karibisches Klima heißt hier: Es ist brütend heiß. Du gehst raus, wenige Sekunden später rinnt Schweiß von deinen Schläfen. Selbst nachts kannst du nicht in Jeans weggehen, ohne wie ein Kohleofen zu glühen. Deswegen war ich in der ersten Woche vollkommen energielos. Ich schleppte mich morgens zwar in die Sprachschule, lag aber ab Mittag geplättet in meinem Zimmer und fühlte mich wie eine Forelle auf dem Grill. Die Hitze zerschmorte meine Gedanken. **Meine Hände umklammerten hilfesuchend die Fernbedienung der Klimaanlage.** Doch die japste bereits auf Hochtouren.

Trotz der Hitze lerne, schreibe, lebe ich hier gut. Die Hotels bewegen sich auf europäischem (Preis-) Niveau und sind sehr stilvoll eingerichtet. Leckeres Essen und der gute Juan-Valdez-Kaffee verleihen dem Wohlfühlfaktor noch zwei Bonuspunkte.

Es schimmert farbenfroh. Ummantelt von den alten Stadtmauern komme ich kaum in Kontakt mit dem wahren Latino-Land, mit seiner Armut, seiner Korruption, seinem Zwiespalt. Deshalb fühle ich mich ein wenig wie unter einer **gigantischen Glasglocke**.

Diese Glasglocke ist ein wenig rissig. Gelegentlich lässt sie durchschimmern, dass man in einem Entwicklungsland ist. Zum Beispiel heute, wo in der kompletten Stadt **24 Stunden lang kein Wasser** fließt. Nirgendwo kannst du auf eine öffentliche Toilette gehen! Wer zu Hause keine Wasserreserven bereitgestellt hat, kann genau einmal spülen. Wehe der vierköpfigen Familie, die sich mit einer Magen-Darm-Grippe gegenseitig angesteckt hat. Dagegen ist der gelegentliche Stromausfall entspannend. Einmal fahre ich mit einem kolumbianischen Freund raus in seine

Wohnung. Er ist Mitte 20 und wohnt noch bei seiner Mutter. Die Straße zu seinem Haus ist nicht geteert, holprig und zerfurcht. „Korruption", sagt er. Die Politiker stecken sich das Geld ein, das für den Straßenbau bestimmt ist. Die Wohnung ist einfach und zum großen Teil selbst gebaut. Ein großes Gitter bewacht die Terrasse zum Eingang, ich fühle mich darin ein wenig eingesperrt. Die Nachbarin, alleinerziehend, mit ihrem Kind auf dem Arm grüßt freundlich.

In der Tat: Nicht die Armut ist auffallend, es ist die Diskrepanz zwischen der schwachen ökonomischen Situation und den reichen Herzen. Ich habe bisher keinen Kolumbianer getroffen, der sich über die Situation beschwert hätte.

ROUTE STATT ROUTINE

Ich bin nun schon die vierte Woche in Cartagena. Da ist mir passiert, was vielen Reisenden irgendwo passiert. Schlüssel und Schloss haben sich gefunden. Es hat * Klick! gemacht. Es ist meine **„Soul-City"** geworden. An den Ecken hörst du überall Salsa und tolle Musik. Dir begegnen lächelnde Menschen – keine ernsten deutschen Griesgrame. Es ist eine unheimlich farbenfrohe, geschmackvolle Stadt mit internationaler Küche und fantastischem Kokosnussreis mit Garnelen.

Hier sieht man mich dieser Tage recht oft in einem netten Café hinter meinem Laptop sitzen. Ich habe einige stilvolle und klimatisierte Arbeitsplätze gefunden, die ich nach Lust und Laune wechseln kann. Ich schreibe an meinem Reisebericht, nebenbei besuche ich vier Stunden am Tag einen Sprachkurs und tippe einige Texte übers Sprachenlernen. Obwohl ich so viel arbeite, bin ich dabei sehr glücklich. Das sonnige Gemüt der Menschen, die Wärme, die farbenfrohen noblen Häuser, das färbt auf mich ab. Ich schreibe in mein privates Reisetagebuch:

> „Mein ideales Leben unterscheidet sich eigentlich nicht so sehr von dem jetzigen. Ich bin momentan sehr glücklich. Mein Traum ist es, diesen wunderbaren Zustand aufrechterhalten zu können."

Der Kontrast kann klarer nicht sein: das Heimweh in Melbourne, Australien, als ich nach Hause wollte und die ganze Reise infrage stellte. Hier fühle ich mich plötzlich daheim und stelle mein Leben in Deutschland infrage.

Ich genieße es nun, auf Reisen auch mal meine grauen Zellen ein wenig zu massieren. **Nur auf Achse sein, ist irgendwann ermüdend, nur in der Hängematte zu liegen auf Dauer zu langweilig.** Deswegen jongliert mein Kopf gerade mit neuen Möglichkeiten des Seins. Muss ich wirklich zurück und wieder Vollgas geben?

Vielleicht ist es kein Entweder-Oder – heute gibt es das **Sowohl-als-Auch**: Umherziehende Entrepreneure, die Spannung und Entspannung verbinden können. Sie nennen sich digitale Nomaden, die freiberuflich oder mit kleinem Team unterwegs sind, ihr Büro im Rucksack – der nächste Arbeitsplatz wartet vielleicht in 1.000 Kilometer Entfernung. Sie arbeiten ortsunabhängig und gehen nicht tagein tagaus ins Büro, sondern an den Strand, ins Café oder mieten sich temporär einen Co-Working-Arbeitsplatz, je nachdem, was das Herz gerade begehrt. Das will ich auch! **Ein Büro mit Meerblick und Espresso-Anschluss!**

Zwar bin ich in Deutschland auch frei – doch hier bin ich entspannter. Ich glaube, das liegt an den immer wieder neuen Eindrücken und Faszinationen, die auf mich einströmen, wenn ich von meinem Rechner aufblicke. Sie lenken mich ab, überlagern die grübeligen Gedanken. Ich lasse schneller los. Zudem hilft das Gefühl der Vergänglichkeit. Hier gehe ich mehr weg, sage sofort einem Treffen mit Freunden zu. Ich grübele weniger, lege mehr Pausen ein. Liege öfter in der Hängematte. Ich lebe intensiver, entspanne schneller. Und habe keineswegs das Gefühl, dass ich weniger produktiv bin.

Im Gegenteil: Weil meine Arbeitszeit begrenzt ist, lösche ich Mails schneller, verwerfe eher nicht-lukrative Ideen, fälle Entscheidungen resoluter. **Diese Reise ist die beste Priorisierungsübung**, die ich bisher hatte!

FALSCH VERBUNDEN?! DEUTSCHE SERVICE-"QUALITÄT" IN KOLUMBIEN

Das Schöne an einem längeren Aufenthalt ist, dass die lästige Reise-Orga entfällt – das Suchen, Informieren, Nachfragen, Abwägen, Kalkulieren, Umrechnen. Doch dann kommt der Tag, an dem dich die Realität einholt. Ich habe mich mit Freunden im Süden Kolumbiens verabredet und buchte gestern einen Flug. Heute Morgen bekomme ich eine Mail: „Der Flug konnte nicht bestätigt werden – bitte rufen Sie im Service-Center an." Doof, aber was soll's? Skype klingelt bei Avianca (kolumbianische Fluglinie und Lufthansa-Kooperationspartner): 10 Minuten Warteschleife. * Dingeldi-ding ...

Endlich meldet sich jemand. Ich hatte im Menü „2" für „Englisch" gedrückt. Ungeachtet dessen spricht die kolumbianische Lady keine einzige Fremdsprache. Sie will mich mit jemandem verbinden, der des Englischen mächtig ist.

Ich lache kopfschüttelnd.

Ich warte weitere fünf Minuten, sechs, sieben. Das Telefon schweigt.

Ich seufze und lege auf.

Das Spiel wiederholt sich: Ich wähle. Einmal, zweimal. Bis mich jemand versteht. Nun fragt der Mitarbeiter Passdetails, Geburtsdaten usw. ab.

Ich frage mich: Wozu brauchen die die ganzen Details? Die habe ich doch in der Buchungsmaske schon eingegeben!

„Wo liegt das Problem? – Warum geht die Kreditkarte, die bisher immer funktionierte, bei Ihnen nicht?" Das wisse er auch nicht. Er werde mich deswegen mit einer anderen Abteilung verbinden. Halt! Warten Sie ...

Ich fluche.

Die nächsten zehn Minuten verbringe ich mit dem erneuten Buchstabieren derselben lästigen Details für den nächsten Mitarbeiter. Dann muss der wiederum eine Rückfrage an seinen Chef stellen ...

Ich warte.

Endlich! Eine Auskunft, wo das Problem liegt: Angeblich ging es um die Frage, ob ich in Euro oder kolumbianischen Pesos zahlen will. Ich erwidere schnaufend und halbwegs Fassung wahrend, dass es mir scheißegal sei, ob auf meiner Rechnung „EUR" oder „COP" steht. Es ist doch derselbe Wert, Herrgott-verflucht-nochmal!

Ich schwitze. (35 Grad! Schon 35 Minuten in der Hotline.)

Ich sage, dann sei ja alles klar und ich könne jetzt auflegen. „Nein", sagt er, es sei zwar alles klar, aber er müsse mich wieder mit dem nächsten Mitarbeiter verbinden ...

Bevor meine gleich durchschmorenden Brennstäbe explodieren, schnappe ich meinen Laptop und springe in den kühlenden Pool.

„Ist nun alles geklärt und kann ich heute Abend fliegen?" – „Ja, das können Sie. Sie müssen aber noch zwei Stunden auf die E-Mail-Bestätigung warten." Warum? Ach, egal. Hauptsache, der Horror ist nun vorbei!

Ich beruhige mich.

Zwei Stunden später checke ich meine Mails und finde eine Absage: „Aufgrund von Unregelmäßigkeiten Ihrer Zahlungsdetails wurde Ihre Buchung storniert. Wir können den Preis nicht aufrechterhalten. Bitte suchen Sie ein Servicecenter in Ihrer Nähe auf!"

Wie bitte??? Sie hätten auch gleich: **„Dear customer, FUCK YOU!"** schreiben können! Nun stehe ich drei Stunden vor Abflug ohne Abflug da. Damit verpasse ich – laut Aussagen meiner Freunde – „die legendärste Party ihrer bisherigen Reise"!

MEDELLÍN: ALPEN-FEELING AUF DROGEN

Medellín ist unerwartet. Die Stadt passt nicht in mein bisheriges Bild von Kolumbien. Grün. Bergig. Eng. Es erinnert ein wenig an Zürich, nur etwas eingekesselter. Die Berge ringsherum sind hoch. Sehr hoch. Ich habe den Eindruck, die Stadt mit ihren vielen Hochhäusern ist zu schwer und hat sich deswegen tief in die Berge eingefressen.

Berüchtigt ist Medellín als einstiges Drogenzentrum: Hier regierte, wütete und richtete **Gangsterboss** Pablo Escobar. Das Medellín-Kartell war in den 80ern der größte Kokain-Exporteur weltweit. Die Stadt war ein heißes Pflaster. Auftragskiller waren schon für zehn US-Dollar zu haben. Auch wenn du jetzt intensiv an deinen Chef denkst – komm nicht auf böse Gedanken!

Nachdem der Gangsterboss 1993 erschossen und das Medellín-Kartell zerschlagen wurde, blieb die Stadt noch über Jahre der Ort mit der welthöchsten Mordrate. Doch heute gilt Medellín als **Vorzeigestadt**, die den Wandel geschafft hat: zeitgemäße Architektur, effizienter öffentlicher Transport, Ausstellungen, Kongresse, urbanes Lebensgefühl. Am meisten überrascht die medizinische Versorgung. Die Krankenhäuser und Gesundheitssysteme sind modern, effizient, kundenfreundlich, beispielhaft. Kolumbien ist sogar in einigen medizinischen Gebieten weltweit führend. Zum Beispiel wird die LASIK, eine Fehlsichtigkeiten korrigierende Augenoperation, stark vorangetrieben, bedeutende Innovationen stammen genauso von hier wie so manch gestrafftes Gesicht …

Parque Nacional Natural Tayrona
– ein Muss für Wander-, Kultur- und Naturliebhaber

WO LIEGT DAS ECHTE „SILICON VALLEY"?

Kolumbianische Frauen gelten als die schönsten der Welt. Und Frauen aus Medellín als die schönsten Kolumbiens. Kombiniere das mit einem sicheren Gespür für Eyecatcher-Eleganz und du verstehst, warum Mann hier akut **schnappatmet**. Manch europäische Schönheit bekommt hier vermutlich Minderwertigkeitskomplexe.

Klar, **Schönheit ist Ansichtssache.** Kulturelle Wertvorstellungen prägen auch Schönheitsideale. Das nutzt die Industrie geschickt aus und verstärkt diese Idealbilder. In Asien und Südamerika beäugen dich von hausgroßen L'Oréal-Plakaten leichenblasse Lolitas mit europäischer Physiognomie. In Europa ist Sonntagscroissant-goldbraun das Maß der Dinge. Schon beängstigend, wie systematisch die Kosmetikindustrie Schönheitsideale schafft – denen dann fleißig nachgerannt wird. Die Formel ist denkbar simpel: das jeweils Andere als Stilikone. Neu, reizvoll, begehrenswert.

In Kolumbien spielen kulturelle Schönheitswerte und Industrie Hand-in-Hand. Gerade in Medellín. Die Stadt ist ein „Hot"-Spot der Schönheitsindustrie. In der Tat liegt die Stadt in einem Tal – **damit ist Medellín das echte „Silicon Valley".**

Besonders kurios: Po-Implantate! Sie sind unübersehbar: Die angebauten Hinterteile sind so ausladend, dass du darauf ein Bierglas abstellen könntest (wär ich Sexist – ich fänd's ganz praktisch). Ich konnte erst kaum glauben, dass sich jemand den Hintern größer machen lässt. Freiwillig! Während sich bei uns Mädels auf dem Crosstrainer die Apfel-Bäckchen stramm strampeln, wird hier fröhlich Richtung Kürbis angebaut. Latinos lieben's üppig. J.Lo lässt grüßen.

Schönheitsoperationen sind in Kolumbien sozial akzeptiert. Frau redet offen darüber und diskutiert über das Ob, Was und Wieviel. Meine Sprachlehrerin gibt wie selbstverständlich einen Artikel über die Schönheitsindustrie in Kolumbien zur Diskussion und erzählt im zweiten Satz, dass

sie sich die Nase machen lassen will. Und zur Jugendweihe gilt hier oft: **Möpse statt Moped!** Kein Witz. Für viele Mädchen gibt's hier zum 15. Geburtstag nicht einen Präsentkorb, sondern zwei Extra-Körbchen.

Deutsche Anbieter sind auf den Zug aufgesprungen und bieten spezielle Reisen nach Kolumbien an, z. B.:

> **„Brustvergrößerung + Bauchdeckenstraffung für 3.500 €!**
> Inklusive: Flug, Hotel, Nachbehandlung, Versicherung und 7 Tage Rundreise durch Kolumbien."

Schöne Bildungsreise! Ich finde, die Zeit ist reif für mutigere Deals:

> „Beim Kauf von drei Brüsten erhalten Sie eine halbe Arschbacke gratis."
>
> „Ab 20 Liter Fettabsaugen gibt's ein Nutella-Jumboglas dazu."
>
> „30-Tage-Geld-zurück-Garantie, falls Ihre neue Nase zu sehr an Mike Krüger erinnert."

Oder wie wär's mit Nasenlochvergrößerungs-OPs? Vielleicht findet sich eine kolumbianische Koksnase, die einsteigt. Ich bleib dran.

Zeitmanagement,
Motivation, Konzentration

DIE HERAUSFORDERUNGEN EINES DIGITALEN NOMADEN

Ich habe das mobile Büro in diesem Kapitel ja so protzig angepriesen. Aber mal ehrlich – natürlich gibt es beim Auf-Achse-Arbeiten besondere Hürden. Was alles schiefgehen kann:

Du hast keine Tische. Oder keine Stühle.

Laaaaahmes Internet. Kein Internet.

Strom?

Skype geht nicht. Oder ist im Hostel nicht erlaubt.

Alle Google-Services und Facebook sind geblockt (in China).

Der Besitzer des Hostels zieht um 21:00 Uhr einfach den WLAN-Stecker. (Ohne Vorankündigung, mitten im Buchungsprozess eines Fluges.)

Es herrschen 35 Grad – und du findest weder Schatten noch eine Klimaanlage. Dein Gehirn schmort. Kreativ denken? Denkste!

Leute senden 20 Megabyte große Dateien – bei einer Datenübertragungsrate von 3 Kilobyte pro Stunde.

Die Synchronisation der wichtigsten Daten mit Dropbox dauert „noch 26 Stunden".

Eine Ameisen-Armee rückt an, um Kekskrümel aus meiner Tastatur zu befreien. (Verstehe gar nicht, wo die Krümel herkamen, *mampf.)

ECUADOR

Meeresechse trifft Meerschweinchen

Auf dem Weg nach Ecuador steige ich in einen Flieger um, der aus Deutschland kommt. Nun sitze ich plötzlich neben einem mir etwas fremd gewordenen Wesen: meiner Freundin.

Wir haben uns sieben Monate nicht gesehen, nur selten telefoniert, im Schnitt vielleicht drei- bis viermal im Monat. Das ist das Coole an der Frau, dass sie mir eine lange Leine lässt und andersherum. Ich wollte reisen, sie arbeiten und ihre Karriere vorantreiben. Wir haben uns diese Freiheiten gewährt. Doch sieben Monate sind lang. Viele Erlebnisse sind ungeteilt. Und **so schnell kann man die 215 getrennt verbrachten Tage nicht nacherzählen, nacherleben, nachempfinden.** Spontane Emotionen lassen sich nicht nochmals spontan teilen.

Die Stimmung ist etwas verstimmt, als wir feststellen, dass wir nicht einfach dort weitermachen können, wo wir Weihnachten aufgehört haben. Jetzt haben wir August! Nun wird sie für den Rest der Reise nicht mehr von meiner Seite weichen. Ein Wildpferd wie ich, das gewohnt ist, alleine zu entscheiden, zu denken, zu schlafen, fühlt nun die Doppeldeutigkeit des spanischen Wortes für „verheiratet" – das lautet „esposas" und bedeutet gleichzeitig auch „Handschellen". **Meine Gefühlswelt dieser Tage ist ein Chaos.** Ich bin verunsichert und verwirrt, denn ich kann mir diesen Schock nicht erklären. Tage, Wochen und Monate habe ich meine Freundin sehr oft vermisst und darauf hingearbeitet, dass sie möglichst bald nachkommt. Und jetzt, wo ich dieses Ziel erreicht habe, ist es komisch.

Wir werden sicherlich eine Weile brauchen, um uns neu zu justieren. Doch es liegen spannende 10 Wochen vor uns, und wir sind beide schlau genug, um das Beste daraus zu machen.

DIE GALAPAGOS INSELN

Die Galapagos-Inseln sind kein Backpacker-Paradies. Es gibt kein Boot unter 1.000 Dollar für magere vier Tage. Ein schäbiges Hotel, in dem man fast einen Elektroschock erleidet, wenn man das warme Wasser aufdreht, kostet 30 Euro, ein Fischgericht beginnt bei 10 Euronen. Tagesausflüge unter 60 Euro? Gibt's nicht! Es ist eine Verschwörung. Das Pro-Kopf-Einkommen ist zwar mager, doch auf den winzigen Inseln sprechen sich die Anbieter gut ab. Man hält zusammen, solange man den Touristen so richtig melken kann. Wir kommen uns vor wie ein Portemonnaie auf zwei Beinen.

Obwohl unser Sparschwein verwundet, keuchend-blutend in der Ecke japst, lohnt sich die Reise. Nur wenige Inseln sind wirklich schön, doch das Besondere an Galapagos sind die Tiere. Weil natürliche Feinde fehlen, sind diese hier nicht scheu. Du kannst eine metergroße Schildkröte am Panzer kraulen und dich 20 Zentimeter neben einer Horde Meeresechsen niederlassen, ohne dass diese mit der Wimper zucken.

Wir sehen gelb-orangene Landleguane, riesige Landschildkröten und Turtle-Teenager, die miteinander rangeln und kämpfen. Zudem sind die Inseln voll mit Federvieh; darunter Blaufußtölpel und die Darwinfinken, anhand derer leicht unterschiedlichen Schnabelformen Charles Darwin einen Teil seiner Evolutionstheorie entwickelt hat.

HUNDE MIT FLOSSEN

Auch unter Wasser geht es bunt zu: Wagst du den Sprung ins sehr kühle Nass, warten Rochen, Schildkröten und ab und zu ein Hai auf dich. Besonders süß sind die **Seehunde**. Sie ähneln wirklich Hunden mit Flossen: Ihre knuffig-süßen, großen dunkelbraunen Augen schauen dich erwartungsvoll-verschmitzt an. In der Tat besitzen sie einen Spieltrieb wie kleine Welpen: Mit seinem Maul befördert ein Seehund einen Stein in die Luft, – legt elegant-stilvoll einen Rückwärtssalto hin, um dann den herabfallenden Stein passgenau mit dem Maul wieder aufzufangen. Ein anderer hängt kopfüber, schaut mich mit seinen großen Kulleraugen treudoof an. Taucht ab. Weg ist er!

Neugierig werde ich beäugt und in eleganten Kreisbewegungen umrundet. Ich versuche, nach einem Seehund zu greifen. Will nach ihm tasten, ihn fühlen, ihn streicheln. Er schaut mich mit seinen tiefbraun-hypnotischen Augen an und *platsch!* ist auch er fort. Plötzlich taucht in 30 Zentimeter Entfernung eine Schnauze auf. **Oh, bemerkenswerte Zähne! Und deren Besitzer schaut interessiert bis angriffslustig.** Auf einmal schnellt er mir in einem Satz entgegen! Ich schrecke zurück, verliere die Sicht, und damit die Orientierung. Ich finde sie wieder, der „Meereswolf" (wie die Viecher treffend in Spanisch heißen) ist weg. Wenig später erschrecke ich, weil sich einer von hinten an der Reißverschlussleine meines Wetsuits verbissen hat und energisch daran zerrt.

Nun posieren drei Seelöwen wie die drei Engel für Charlie vor mir. Sie starren mir direkt in die Augen. Ich drehe mich um, keiner der anderen Schnorchler in Sicht. Es ist bibber*kalt. Das verstärkt das mulmige Gefühl im Magen. Mir ist komisch zumute. Ich suche Anschluss an die anderen und schwimme zurück. *AUA! Da hat mir einer in den Fuß gebissen! Zum Glück trage ich meine Surfschuhe, so bleibt mir der Zahnabdruck erspart.

Unter Wasser beobachte ich, wie sich die Seelöwen necken und zärtlich in die Mäuler beißen. Offensichtlich schließt mich das mit ein. **Grundsätz-**

lich fühle ich mich geehrt, so schnell in die Seelöwen-Community aufgenommen zu werden, doch als ein großes Prachttier nun in Angriffspose auf mich zu schwimmt und das Maul über meiner Wade genüsslich aufreißt, entwickele ich meinen neuen Schwimm-Geschwindigkeitsrekord und sehe zu, dass ich Land gewinne.

Apropos Land gewinnen: Während wir von den Inseln abheben, lungert ein 1 Meter großer knallgelber Leguan auf der Startbahn und schaut dem Flugzeug etwas gelangweilt aus großen Kulleraugen nach. Ob er mit aufs Festland will? Ich kann mir schon vorstellen, dass es auf einer Insel mit gerade mal 18.000 Einwohnern irgendwann öde wird. Aber eine Woche in diesem Tierparadies war grandios!

Auch Schildkröten trinken mal einen über den Durst …

… und brauchen am nächsten Tag ein wenig Yoga-Stretching.

SCHWEIN GEHABT

Wir sind in den Bergen. Hier gilt: Andenland = Meerschweinchenland. Warum heißen Tiere, die in über 2.000 Meter Höhe leben, eigentlich „Meer"-Schweinchen? Wer mir diese Frage beantworten kann, bekommt einen Salzstreuer geschenkt (Selbstabholer)!

Ich pflege eine besondere Beziehung zu Meerschweinchen: Auch ich hatte als Kind einen süßen „Maxi" und später einen „Paul". Danach bekam ich ein drittes Meerschweinchen, das unverhofft schwanger war. Nun gut, dann waren es halt sieben. Da ich aber zu jung war, um Männlein/Weiblein zu unterscheiden und unser Kaninchenzüchter-Nachbar schon kurzsichtig, blickten mich eines Morgens 11 hungrige Wollknäuel an. **Meine Karriere als Meerschweinchenzüchter erreichte einen traurigen Wendepunkt, nachdem „Eckhart" verstorben war.** (Drei Tage nachdem ich ihm diesen Namen gegeben hatte: Zufall oder Selbstmord?) Nach und nach verschwanden die Tierchen aus meinem Leben, einige wurden verschenkt, eins ist an einem Tumor gestorben, die letzten beiden wurden aus dem Außenstall geklaut.

Nun habe ich wieder ein Meerschwein vor mir. Die Kartoffeln und das Grünzeug sind geblieben, doch sind sie nicht Futter für das Tierchen, sondern Dekoration auf dem Teller. Das Viech ist komplett gebraten und sieht aus, als hätte es sich aus dem 10. Stockwerk geradewegs in den Tod gestürzt. (Eine Schweigeminute bitte! – Ich vermute die Vegetarier unter euch sind ohnehin schon ohnmächtig?) Platt wie eine Flunder liegt es – alle viere von sich gestreckt – auf dem Teller. Bei uns Kinderspielzeug, in den Anden eine Delikatesse: 65 Millionen der Nageviecher werden allein in Peru jährlich verputzt. Selbst auf den mittelalterlichen Abendmahl-Gemälden in den Klöstern sitzt Jesus mit seinen 12 Groupies vor einem Teller mit einem Meerschweinchen drauf.

Der Kellner empfiehlt mir, es mit der Hand abzuknabbern. Das ist nicht so einfach, die Haut ist zäh, es ist voller kleiner Knochen, das Fleisch kaum zu finden. Manche behaupten, es schmecke nach Kaninchen, andere meinen, es ähnle Hühnchen. Für mich schmeckt es irgendwie nach ... äh, Meerschwein. Nicht besonders gut, nicht außerordentlich schlecht. Es ist aber wie gesagt, schwer, sehr schwer zu erkämpfen. Meine Freundin (Vegetarierin** und Ex-Meerschweinchenbesitzerin) blickt mich angewidert, aber auch mitleidig, an. Ein paar Minuten beobachtet sie mein Stochern. Dann schiebt sie mir wortlos die Hälfte von ihrem Fisch herüber. Sofort gebe ich auf und stürze mich hungrig auf die Forelle.

Ich habe schon die kuriosesten Gerichte gegessen: Skorpion am Spieß, gebratene Heuschrecken, einen lebenden Wurm direkt im Regenwald, Känguru, Strauß, Frosch – das war alles lecker! Nur Haifischflossen und nun das Meerschwein schmeckten widerlich. Fazit: **Meerschweinchen gehören in den Streichelzoo – nicht auf den Teller!**

** Ich weiß, sie isst Fisch und es müsste „Pescetaristin" heißen. Aber das kennt ja kaum jemand. Liebe „echte" Vegetarier: Bitte fühlt Euch jetzt nicht aufs Salatblatt getreten!

Meerechsen zählen wahrscheinlich zu den entspanntesten Wesen dieser Erde. Ich habe mich davon anstecken lassen.

AUF NACH ECUADOR?

Ecuador ist klein. Und wäre für mich eher ein Mitnahmeland, das auf dem Weg nach Peru oder bei einer Kolumbienreise noch reinpasst. Es kann aber auch ideal für Sich-nicht-entscheiden-Könner oder für Ruhe und Vielfalt suchende Reisende sein, denn das Land ist erstaunlich abwechslungsreich: Es bietet Kolonialarchitektur mit Historie und etwas Urbanität (Quito, Guayaquil), ein wenig Kultur (Mestizen, Märkte, Meerschweinchen-Mahlzeiten), ein wenig Abenteuer und Action (Baños), Strand und Surfen (Montañita), Flora (den Regenwald im Osten) und Fauna (die Galapagos-Inseln im Westen).

FAZIT

Trotz Falten kuscheln
Meeresechsen unheimlich gern.
Das muss wahre Liebe sein!

PERU

Wohin gehst du, wenn dir die ganze Welt offen steht?

Wer Peru bereisen will, startet oder endet wahrscheinlich in Lima. Es führt kein Weg vorbei an diesem 7-Millionen-Molloch, in dem über die Hälfte der Einwohner in Armut lebt. Aber es war der einzig sinnvolle Weg um von hier aus die Weiterreise ins hochgelegene Lama-Land zu organisieren. **Reisen ist eben doch nicht grenzenlose Freiheit – sondern viel Logistik.**

Das Gute: An einen Ort, zu dem es einen nicht hinzieht, stellt man auch keine Erwartungen. Ich erhoffte mir nichts. So erfahre ich auch keine Enttäuschungen. Lima überwältigt nicht, doch überrascht angenehm. Das alte Zentrum ist fast lückenlos im pompösen Kolonialstil erhalten. Es macht Spaß, umherzustrollen und die Architektur auf sich wirken zu lassen. Die Viertel Miraflores und Barranco sind nett, um sich durch kulinarische Highlights zu schlemmen. Die Nähe Limas zum Meer mit steilabfallenden Küsten inklusive Surfmöglichkeiten ist für eine Großstadt einmalig.

Dann geht's schon weiter. Unzählige Stunden ächzt und schaukelt der Nachtbus 2.400 Höhenmeter in die mittelgroße Kolonialstadt Arequipa. Wir wollten uns hier akklimatisieren, denn die **Höhenkrankheit** tritt angeblich bei einem zu raschen Aufstieg über 2.500 Meter auf:

> „Zu den häufigsten Beschwerden gehören Kopfschmerzen, Übelkeit, Appetitlosigkeit, Schlafstörungen, Müdigkeit, Abgeschlagenheit, Erbrechen und Schwindel."

Bingo! Ich habe bereits nach der ersten Nacht fast alle Symptome. Keine Sorge: Bei den meisten Reisenden bleibt es bei Kurzatmigkeit, etwas Schwindel und Kopfschmerzen. Scheinbar gehöre ich zur Risikogruppe, denen die Höhe etwas mehr zu schaffen macht.

Wie bestimmt man das Geschlecht einer Schildkröte? Bei Paga, war es einfach: Sie bevorzugt eindeutig Damenschuhe.

ACH, AREQUIPA!

Ach, Arequipa! Wie so oft stellt sich eine vorher nicht bekannte Stadt als besonders netter Aufenthaltsort heraus. Das Gute: Weil der Aufenthalt hier nur Mittel zum Zweck war, wussten wir nichts von der Stadt. Wir hatten keine Erwartungen. Und so gibt es auch keine Enttäuschungen. Im Gegenteil, Arequipa wartet mit einigen tollen Überraschungen auf.

Zum einen sind die Preise der Wahnsinn! Wir buchen einen Sprachkurs, um die einwöchige Akklimatisierung sinnvoll zu nutzen. Die Privatstunde kostet hier 5 Euro – in Cartagena kostete der Gruppenunterricht mehr! Noch praktischer: Die Sprachschule liegt direkt in unserem Hotel. Das heißt: Vom Frühstückstisch zum Unterricht sind es 10 Meter. Statt in einem muffligen Kursraum sitzen wir unter einem Sonnenschirm im Garten und plaudern im Freien ein wenig auf Spanisch (so viel wie's geht). Nur ab und an unterbricht Paga, eine süße Schildkröte, die im Garten wohnt, die Konzentration ...

Und es gibt einiges zu sehen, wie die berühmte **Mädchen-Mumie** einer 15-jährigen, die in den Bergen geopfert wurde und durch den Dauerfrost samt Fingernägeln und Haaren 500 Jahre konserviert worden ist (eine Maniküre würde ihr nach 500 Jahren jedoch gut stehen). Es war ein Brauch der Inkas, Mädchen und Tiere zu opfern, um die Vulkane gnädig zu stimmen. Einige sagen, es sei ein Zeichen der Hochkultur. Andere, es sei nur ein weiterer Beweis für die grenzenlose menschliche Blödheit, zu denken, man könne durch das Töten von Menschen das Wetter verbessern.

Spannend ist die Organisation der **Partymeile im Zentrum**: In den Diskos kann man ungestört Marihuana konsumieren, weil die Clubs die Streifenpolizisten bestechen. Die Polizisten bestechen wiederum ihre Chefs, damit sie in diesem Gebiet Streife laufen dürfen – schließlich gibt es hier viel zu verdienen.

Eines Tages schlüpfen wir zufällig in die größte Kirche des Ortes. Es ist gerade Abendmesse. Ich betrete ein riesiges Mittelschiff, äußerst stilvoll gehalten, in reinweißem Stein. Darin eine sonore Musikanlage, auf die das Berghain in Berlin neidisch wäre. Sie sorgt dafür, dass der sanfte spanische Messgesang jeden Winkel des Raumes und meine Ohrmuschel optimal erreicht und ausfüllt. Ich bin ergriffen. Ich stehe in der Mitte des Mittelschiffes, sehe die Szene, höre die Musik und **verspüre das erste Mal in meinem Leben eine Art religiöse Verbundenheit.**

Es ist so schön: Ich bin wirklich gerührt! **„Ist das meine Erleuchtung?“** Mit Kirche und Religion konnte ich bisher nicht viel anfangen. Wird sich das nun ändern? Ich bin durchaus bereit, mich auf ein religiöses Abenteuer einzulassen!

Mein spirituelles Glück währt 1 Minute und 26 Sekunden. Dann fängt der Pfarrer mit seiner Micky-Maus-Stimme an, Parolen von Leid und Erlösung zu schmettern. Das klingt selbst auf Spanisch albern. Ein Handy klingelt. Ein Kind fängt an zu schreien. Und dass mein Nachbar hörbar pupst, trägt auch nicht gerade zur spirituellen Stimmung bei. Entzaubert gehe ich ins Bett schlafen.

DA GEHT DIE POST GEWISS NICHT AB

Wer etwas in Arequipa erleben will und Zeit totschlagen möchte, geht am besten zur Post. Nostalgisch-riesig ist ihre Haupthalle. Halb verlassen, uninspirierend wirkt sie wie eine Stasi-Behörde. Es gibt nur einen Schalter. Um eine Auskunft zu erhalten, stehen wir schon mal 15 Minuten an.

„Ja, Pakete verschicken kann man hier."
„Nein, Versandkartons haben wir nicht."

Aha: Pakete schicken geht. Die dafür nötigen Kartons , kann man allerdings nicht kaufen. Interessantes Geschäftsmodell! Auch in den umliegenden Schreibwaren- und Büroläden gibt es keine Pakete! Was tun? Wir beobachten Einheimische und finden die Lösung: In der Apotheke geben wir der Angestellten einen Dollar und bekommen dafür einen leeren Medikamenten-Lieferkarton. Damit müssen wir zum Kiosk, die uns das einpacken – natürlich gegen ein Trinkgeld. Jetzt noch wiegen, dann wieder einordnen in die Schlange bei der Post.

„Sie müssen noch diese Formulare ausfüllen!"

Das hätte sie ja gleich sagen können! Nun ist endgültig klar: Es ist kein Zufall, dass sich „Post" und „Pest" nur durch einen Buchstaben unterscheiden!!!

Die Formulare sind ausgefüllt. Nun sind wir ein drittes Mal nach erneutem Anstehen an der Reihe.

„Wie bitte? Was soll ich tun?"

Ich soll meinen Pass kopieren gehen! What the fu...! Anscheinend denkt man hier bis zum nächsten Atemzug. Reisen trainiert nicht nur die Flexibilität sondern testet auch deine Geduld! Und dein Mitgefühl. Liebenswerter Weise flitzt meine Freundin los, um eine Kopie zu besorgen – ich bewache unterdessen den Schalter, um nicht wieder ganz nach hinten in die Schlange zu müssen. Reisen trainiert auch deine strategischen Fähigkeiten!

Okay, dass ich dem internationalen Paket eine Passkopie beilegen soll, kann ich nachvollziehen. Aber was denn nun noch? Wozu BITTE soll ich jetzt auch noch meinen Fingerabdruck abgeben?

HallO?!

Meinen Fingerabdruck, um ein Paket mit einem Surfanzug, T-Shirts und Spanisch-Lernnotizen nach Deutschland zu senden? Ist das hier eine Post oder das FBI?

Manchmal könntest du einfach nur schreien!

JAGD AUF SEHENSWÜRDIGKEITEN

Reisen zu zweit ist toll, weil sich viele Gedanken, Zweifel, Emotionen einfach in Luft auflösen, wenn man eine Schulter zum Anlehnen hat. Doch Reisen im Doppelpack heißt auch, ein Stück der grandiosen Freiheit wieder abzugeben. Natürlich gibt es hie und da Interessenskonflikte. Meine Liebste ist frisch auf der Reise, tatdränglerisch. Ich bin hingegen nach neun Monaten reise-routinierter. Ein alter Nomaden-Bock, der nicht sofort aufspringt. Ich will rasten, sie rasen. Das verursacht etwas Diskussionsstoff. Ich konfrontiere sie mit unserer China-Tour von vor 6 Jahren:

Martin: „Woran erinnerst du dich von unserer Reise nach Tibet?"

Freundin: „An das Everest-Basecamp und an Lhasa, die Hauptstadt, an die Höhenkrankheit und die Kopfschmerzen."

Martin: „Und wie hießen die anderen fünf Städte und Orte, die wir uns noch in der Woche angesehen haben? Was hat dich dort beeindruckt? Woran erinnerst du dich?"

Freundin: Süßes, aber ratloses Geradeausstarren.

In der Tat sind es **nur wenige Augenblicke, die langfristig hängenbleiben**. Meistens sind es Erlebnisse, Momente mit Menschen, die bleiben. Eine Kirche hier, eine Stadt da – das löst sich in deiner Erinnerung bald in Luft auf. Museen? Sowieso! Daher:

Plane pro Woche nur ein Highlight für deine Reise ein. Der Rest füllt sich von allein.

Diese tolle Faustregel half mir enorm bei der Planung meiner Reise! Ich schrieb eine Zeile für eine Woche auf und schrieb dann einen Ort, eine Sehenswürdigkeit, eine Aktivität hinein, die ich abhaken wollte. Mehr Vorausdenken war wirklich nicht nötig, denn die Details und Nebenziele ergaben sich nach Laune Tag für Tag.

Doch wie löst man den Konflikt zwischen einem reisemüden Martin und seiner reisewütigen Begleitung? Die Gute will unbedingt den Colca Canyon sehen. Kann ich ja verstehen – er soll angeblich schöner als der Grand Canyon sein! Der Haken: Man müsste dafür um 3 Uhr aufstehen. Mir fällt es ohnehin irgendwie schwer, mit schlafverklebten Augen irgendwas schön zu finden. Also: Nein, danke! Ich kann sie überzeugen – sie fährt allein. Ah, wie toll. Ich kann ausschlafen, dösen und Freunde anrufen. Im Endeffekt war es ein herrlicher Tag für beide.

Passend zu meiner Diskussion mit meiner Freundin spreche ich mit meinem Kumpel Patrick am Telefon über das ewige Gefühl, irgendetwas zu verpassen. Und darüber, dass viele Leute von Ort zu Ort rennen, blind Fotos schießen und sofort weiter zur nächsten Sehenswürdigkeit hecheln. **Sie sehen viel, doch verstehen nichts. Und wenn sie damit fertig sind, sind sie durch.**

Patrick rät mir zum Abschluss:

> **„Du verpasst immer etwas,**
> **darum musst du dir also gar keinen Kopf mehr machen."**

Das ist ein klassischer „Mobilat-Satz": Er muss ein wenig einwirken, tut dann aber richtig gut! Wohl eine der besten Einstellungen – nicht nur fürs (Welt-)Reisen, sondern generell für unser multioptionales Leben!

INDIANA JONES, WIR KOMMEN!

Cusco. Die Stadt auf 3.400 Metern Höhe ist im doppelten Sinne atemberaubend. Als Ausgangspunkt für die Reise ins Heilige Tal der Inkas und in die Ruinenstadt Machu Picchu verbringen wir hier eine Woche und besuchen so lange Ruinen, bis ich keine alten Steine mehr sehen kann (also bereits nach dem zweiten Tag).

Es gibt nur wenige Reiseziele auf der Welt, die wirklich jeder kennt: die Freiheitsstatue, der Eiffelturm, Big Ben, das Colosseum, der Taj Mahal, das Sydney Opera House, die Golden Gate Bridge, ... und Machu Picchu. Die alte Inkastadt hat man schon tausendmal auf irgendwelchen Fotos gesehen. Deswegen buchen wir einen 4-Tages-Trekking-Trip und wollen uns zu Fuß, per Mountainbike, Rafting, Zip-Lining der Inkastadt nähern. Ein kleines Abenteuer, um nachzuempfinden, wie waghalsig es gewesen sein muss, als Professor Bingham die Inkastadt entdeckte und plünderte (Bingham diente als Vorlage für Indiana Jones).

Früh raus, Aufregung. Wir fahren zwei Stunden durchs Morgengrauen. Der Bus hält. Der Reiseführer steigt aus. Viele schwer bewaffnete Polizisten. Der Reiseführer kommt lange nicht zurück. Als er endlich wieder da ist, hat er schlechte Nachrichten im Gepäck: Wir müssen die Tour abbrechen, im Dschungel rebellieren die Einwohner. Und in einem Land, wo Spontan-Kidnappings passieren, willst du dich nicht mit Dschungel-Einwohnern anlegen. Schon gar nicht in einem der wichtigsten Coca-Anbaugebieten des Landes.

Kurz darauf rebellieren wir. Warum sind wir um vier Uhr aufgestanden? Warum haben wir uns gequält? Was wird aus den 200 Dollar, die wir bezahlt haben?

Zwei Stunden später haben wir eine Lösung – wir laufen am nächsten Tag ab 7 Uhr morgens 30 Kilometer an den Bahngleisen entlang zum Machu Picchu. An uns fahren trötend Züge voll entspannter Touris vorbei – während wir auf dem Zahnfleisch kriechend mit unseren letzten Wasserreserven versuchen, die Unterkunft vor einbrechender Dunkelheit zu erreichen. Nach 15 Stunden – 6 länger als vorausgesagt, erreichen wir mit letzter Kraft, nach dünner Höhenluft japsend das Dörfchen am Fuße des Machu Picchu. Ausruhen? Ist für Anfänger! Morgen früh 6 Uhr bringt uns der Bus die letzten 550 Höhenmeter hinauf! Immerhin: Diese Sehenswürdigkeit haben wir uns mit jeder Sehne und jedem Muskel unseres Körpers redlich verdient …

Es hat sich gelohnt:

WAHLK(R)AMPF IN PERU

Wahlkampf in Peru. Das ist nicht zu übersehen – obwohl es kein einziges Wahlkampfplakat gibt. Der Plakatdruck und die Aufstellung sind hier scheinbar zu teuer. Macht nichts! Hier wird einfach alles bemalt, das von der Straße aus sichtbar ist: Häuser, Zäune, Mauern. Grelle grüne, blaue oder rote Wahlsprüche stechen dir an jeder Ecke ins Auge und lenken vom maroden Zustand der Mauer darunter ab. Mich wundert nur, dass nicht auch die Lamas mit Parolen besprüht sind.

Eine Wahlkampfveranstaltung in einer Kleinstadt. Es trötet, es jubelt. Von der Bühne quatscht ein Clown, Kinder freuen sich und reißen sich um „APU"-Luftballons wie Ertrinkende um einen Rettungsring. Ich frage eine Wahlkampfdame, die ein riesiges „APU"-Logo auf dem T-Shirt trägt: „Wofür steht APU – Wie heißt die Partei?" Plötzlich fällt der beleibten Dame das Lächeln aus dem Gesicht. Sie klopft der Nachbarin auf die Schulter und fragt diese. Auch die ist ratlos. Beide reimen sich nun was zusammen: „Alianza Politica Unidad?" Vereinte Politische Partei? Aha.* Ich traue mich nicht, auch noch nach der Wahlkampfbotschaft oder nach inhaltlichen Zielen zu fragen. Die bunten Luftballons und die laute Musik müssen scheinbar als politische Leitlinie reichen.

Später sehe ich zwei kleine Wahlkampfposter der beiden führenden Parteien an einem Zaun:

1. Auf einem posieren die 5 Spitzenkandidaten mit Lama-Schal und Fellmütze vorm Machu Picchu (man gibt sich volksnah).

2. Bei der Konkurrenz stehen 3 Spitzenkandidaten mit Lama-Schal und Fellmütze vorm Machu Picchu (man gibt sich volksnah).

Wow. Diese Unterscheidungskraft würde mir unheimlich bei meiner Wahl helfen!

* Die richtige Antwort im Wer-wird-Missionar-Quiz wäre gewesen: "Acuerdo Popular Unificado".

Auf jeder der Wahlkampf-Wandmalereien bemerke ich ein Zeichen, das man beim Wahltag ankreuzen soll. Es sind keine leeren Kästchen, sondern bunte Bildchen im Kästchen, die sich hier in der Tat unterscheiden: Da gibt es einmal einen Inka-Indianer, einmal eine Mutter mit Kind etc. Das erinnert ein wenig an „Malen nach Zahlen" – am Wahlkampftag bekommst du dann einen Wahlzettel mit vielen bunten Bildchen und darfst eins ankreuzen.

Auch noch im Bildangebot:

Eine Panflöte | Eine Spitzhacke | Eine Sandale | Ein Kochtopf | Ein Huhn | Ein Coca-Blatt | Eine Woll-Zipfelmütze | Ein Herz | Eine Getreide-Ähre | Ein sich schwitzend-abschuftender Bauarbeiter mit übervoller Schubkarre (Wahlspruch: „Mehr Arbeit!") | Ein schlichtes Haus | Eine lächelnde Orange mit Gesicht | Eine lachende rote Tomate | Eine tanzende Kuh

Das ist ja wie ein Memory-Spiel!

Während wir wieder zum Hotel trotten, hören wir aus der Ferne den Sprecher der Wahl-Show rufen: **„Wähle den Ball, wähle den Ball!"**

WORAN DU ERKENNST, DASS DU IN DEN ANDEN BIST:

(… und deine Entscheidungen durch die dünne Luft beeinträchtigt sind.)

Du trägst einen Strickpulli mit komischen Lama-Figuren.

Du läufst 5 Stufen hinauf und japst aufgrund der dünnen Luft, als hättest du den Weltrekord im 100-Meter-Sprint gebrochen.

Du findest den Strickpulli mit komischen Lama-Figuren cool.

Deine Zunge ist taub vom ständigen Coca-Blätter kauen.

Du trinkst 96-prozentigen Alkohol, um Mutter Erde zu huldigen.

Deine Freundin trägt einen Strickpulli mit anderen komischen Lama-Figuren.

Du feierst fast jedes Wochenende eine andere Parade.

Deine Freundin findet ihren Strickpulli auch cool.

Jedes zweite Gebäude, das du dir anschaust, ist eine Inka-Ruine.

Du kaufst peinliche Strickpullis für deine Familie zu Weihnachten.

Apropos Lama-Strick-Pullis:

AUF REISEN KANNST DU DICH ZU NEUE STYLES ISPIRIEREN LASSEN

Visionäres Hairstyling gefällig?

Open-Air-Friseur in Kolumbien

Gangman-Gangster-Style in der Mongolei

„Scharf schauen" – Shop im Tony

Hier gibt´s zur neuen Friese gleich die passende Finanzberatung, inklusive Taxi-Rücktransport.

Wenn alles egal ist: Hier gibt es schöpferische Zerstörung!

... UND FALLS DAS MIT DEM FIRSEUR SCHIEFGEHT, GIBT´S AUCH ABHILFE!

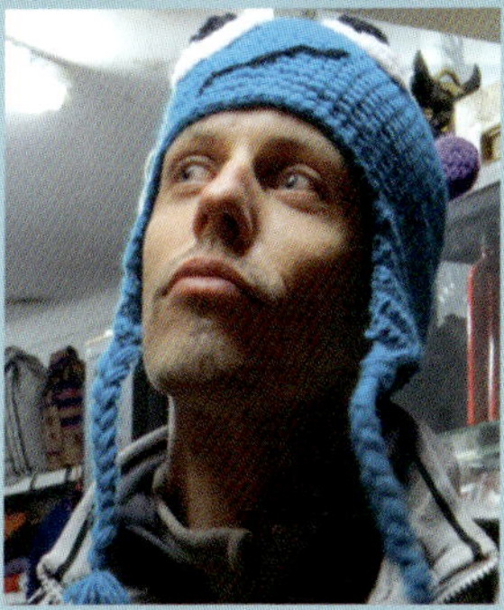

BOLIVIEN

Warum sind Dinosaurier in der Salzwüste ein Kassenschlager?

Bolivien ist das Land mit dem höchst gelegenen Regierungssitz und der höchsten Stadt (Potosí: 4.067 Meter) dieser Erde. Er der Flughafen ist hier näher an den Wolken als nirgens sonst. Maschinen benötigen hier spezielle Reifen zum Bremsen und die Landebahnen sind doppelt so lang, weil der Bremsweg aufgrund des geringen Luftwiderstandes deutlich länger ist.

Bolivien, das Land, das den Weltrekord der Staatsstreiche aufgestellt hat: Hier fanden nach der Unabhängigkeit 1825 innerhalb von 150 Jahren 200 Putsche und Putschversuche statt. Bei nur 82 Euro monatlichem Brutto-Einkommen pro Kopf hast du nicht viel zu verlieren. Es ist das ärmste Land Südamerikas.

Bolivien ist zudem das Land, dessen Oberhaupt, Präsident Evo Morales, bunte Lama-Strick-Pullis auch auf internationalen diplomatischen Anlässen mit Stolz trägt.

DIE GEFÄHRLICHSTE STRASSE DER WELT

In der Nähe der Hauptstadt La Paz führt eine besondere Straße in den Dschungel, in die Yungas – die größte und florierendste Anbauregion für Coca-Blätter. Dicht und leitplankenlos quetscht sich der einspurige Holperweg zwischen Abgrund und Felswand hindurch, durchsetzt von Regenrinnen und übersät mit babykopf-großen Steinen. Häufiger Regen und Nebel gehören zu dieser Chaos-Piste genauso wie Erdrutsche und Steinschläge.

Durch die extremen Verhältnisse erlangte die Straße traurige Berühmtheit als „el Camino de la muerte" („Todesstraße"). Bis zum Bau einer alternativen Route verunglücken jährlich ca. 30 Fahrzeuge mit 200 bis 300 Opfern. Das Gelände ist so steil und unübersichtlich, dass einige Leichen nie gefunden wurden.

Heute rauschen wir die Todesstraße mit dem Mountainbike hinunter. Damit nichts schief gehen kann, huldigen wir oben am Berg der **„Pachamama" (Mutter Erde)**. Das geht einfach: Einen Schluck 95-prozentigen Alkohols hinter die Binde kippen, einen Schluck auf den Fahrradreifen und einen Schluck auf die Erde. (Ist Pachamama Alkoholikerin?!) Ob das reicht? Ich bin ganz froh, dass ich neben dem Alkohol auch noch Helm und Protektoren aufgezogen habe.

Wir starten auf frostigen 4.700 Metern Höhe. Das ist ungefähr die Höhe, aus der ich mit dem Fallschirm gesprungen bin. Während ich beim Skydiven mal die Kontrolle abgegeben habe, umklammere ich hier brav mit beiden Händen meinen Lenker. Denn links geht es sehr steil bergab. Ich beruhige meine Nerven damit, dass man ja gemütlich und sicher auf der rechten Seite fahren kann, damit man nicht runterfällt. Doch wie jetzt? Es stellt sich heraus, dass diese Straße die einzige in Bolivien ist, auf der die Verkehrsordnung umgekehrt wird: Fahrzeuge müssen hier links, nicht rechts fahren. Damit bist du einer Fahrt abwärts dicht am Abhang. Die Logik dahinter: Wer links fährt, der sieht aus seinem Autofenster den Abhang besser und fährt damit am Ende sogar sicherer.

Die Tour erstreckt sich über pobacken-massierende 67 Kilometer. Die 3.000 Meter Höhenunterschied katapultieren uns von Minusgraden in den heißen Dschungel. Morgens schützen uns lange Unterhosen, Winterjacke und Regenschutz mit Kapuze über der Mütze, am Nachmittag schwimme ich mit meinen Badeshorts in einem Bach.

Übrigens: Nicht alle Fahrer sind aufgrund der schlechten Straße verunglückt. Es gab auch viele, die die Todesstraße stark alkoholisiert langfuhren. Und natürlich ist es hier nachts stockdunkel. Andere wiederum sind zu später Stunde raus zum Pipi machen und stellten sich **etwas zu dicht an den Abhaaaaannnnn...**

OPA WIRD'S SCHON RICHTEN

Wir begeben uns auf eine Drei-Tagestour ins bolivianische Hochland und in die größte Salzwüste der Welt, die „Salar de Uyuni". Ein Ziel, das wirklich einzigartig ist. Es herrschen Extremstbedingungen hier: heiße Sonne, heftig-bissiger Wind, knallig-stechende Reflexion des schneeweißen Salzes. All das schafft eine Landschaft, die Weite, Distanz und Perspektive neu dimensioniert. Die Hochebene selbst ist so glatt, und einheitlich weiß, dass sie für die Kalibrierung von Satelliten genutzt wird.

Also, auf geht's zur Tour. Wir werden zu siebt in einen Jeep gepfercht, der mit fünf schon überladen wäre. Deswegen muss das Gepäck komplett aufs Dach. Dafür nimmt uns ein älterer Herr, der einen halben Kopf kleiner ist als ich (ich bin 1,72 Meter), die riesigen Backpacks und Koffer ab und hievt sie aufs Dach. Er steht dort oben etwas wackelig auf den Beinen und fällt fast herunter, als wir ihm einen Koffer hochreichen. Um es vorsichtig auszudrücken: Er wirkt etwas senil.

Unser Fahrer wird uns drei Tage lang durch die eisige und verwitterte, windige Wüste bringen. Laut Aussagen der Reiseagentur ist er gleichzeitig Reiseführer und soll uns „einige Sachen erklären". Doch wo ist er?

Der Opa steigt vom Dach in den Jeep. Er deutet uns, dasselbe zu tun. Wie jetzt? **Was macht der Kurzsichtige am Steuer?** Das ist unser Fahrer? DER DA? DER, DER da am Lenker sitzt?

Okay, ich will nicht so gemein sein. Er fährt jetzt über eine Stunde und wir leben noch. Aber seine Reiseführer-Qualitäten haben geringfügiges Steigerungspotential: Er ist so kommunikativ wie ein Betonklotz. Er schafft es nicht einmal, uns zu begrüßen. Sein Name? Den weiß hoffentlich zumindest die Reiseagentur. Wie die Tour heute aussieht? Keine Ahnung.

Wahrscheinlich handelt es sich bei der vollkommen zerkratzten Windschutzscheibe um die Wegekarte.

Bei der ersten Pause drängelt der Opa: Wir hätten es sehr eilig! Nach der Mittagspause taucht er dafür nicht wieder auf. Wir suchen ihn eine halbe Stunde lang. Er bleibt verschollen. Nach einer weiteren halben Stunde finden wir ihn. Rütteln ihn wach. Er besinnt sich. Steht auf. Und geht wortlos, aber in Sichtweite pinkeln.

Durch den ausgedehnten Mittagsschlaf sind wir nun so spät dran, dass die Sonne sehr tief steht und extrem blendet. Wir kommen kaum vorwärts, weil der namenlose Opi nichts mehr sieht. Er öffnet die Tür und schaut seitlich hinaus, weil die zerkratzte Windschutzscheibe zu sehr das Licht streut.

Was? Wie? Wo? Er sagt was. Grandios! Aber was er vor sich hin nuschelt, klingt so verständlich wie Sächsisch für einen Japaner.

Das Auto stoppt. Eine Sehenswürdigkeit? Nein. Wortlos geht der Opa einen halben Meter hinters Auto. Und pieselt schon wieder.

Am nächsten Tag bin ich neugierig. Denn wir rätseln schon die ganze Zeit, wie alt unser Opi sein mag. Die Schätzungen reichen von Mitte 60 bis knapp 80 Jahre. Sein Gesicht ist zerfurcht, er macht einen sehr betagten Eindruck, doch seine Hände sehen jung aus.

Ich will's wissen. Und spreche ihn in der Pause an. Überraschung: Er ist gerade mal 57! Es ist die Wüste, die Höhe, die extreme Sonne, die die Menschen hier schneller altern lässt. Die Sonne sticht sogar so extrem, dass die Salzarbeiter, die auf den Wüstenplatten arbeiten, nach einigen Jahren erblinden.

WARUM PLASTIK-DINOSAURIER IN BOLIVIEN BESTSELLER SIND …

… WEIL SIE SPAß MACHEN!

WAS MACHT DER BLINDE BEIM SIGHTSEEING?

Wo ich gerade vom Erblinden spreche: Während der Salzwüsten-Tour sehen wir immer wieder einen Blinden über die Vulkanfelder tapsen. Die bunte Lagune, die grüne Lagune, die rote Lagune: allesamt wunderschön! Aber was macht der Blinde dort? Stell dir das mal vor: **Ein Blinder auf Weltreise**, der ein halbes Jahr Sight-„Seeing" macht. Das glaubt mir doch kein Mensch. Dann könnte ich doch auch gleich behaupten, ich hätte Queen Elizabeth II beim Pole Dancing gesehen!

Aber nein, es war nicht die Höhenluft, die mir Halluzinationen bescherte. Später treffen wir den Blinden in der Atacama-Wüste wieder. Er ist tatsächlich allein (!) unterwegs. Klar braucht er ab und an Hilfe. Dann fragt er einfach fremde Leute, ob sie ihn für ein paar Tage begleiten. Länger als 3 Tage an einem Ort bleibt er selten – er möchte und kann die Orte ja nicht sehen. **Er sucht keine Eindrücke, sondern Geschichten.** Wenn er eine tolle Geschichte an einem Ort gefunden hat, reist er weiter.

Noch mal l a n g s a m: ein blinder Holländer auf Weltreise. Wahnsinn! Ich finde das rückt all unsere Wenns und Abers in ein ganz anderes Licht. Mal ehrlich: **Welche ernstzunehmende Ausrede hast du noch, nicht schleunigst deinen Rucksack zu packen und loszufahren?**

MARTIN MEETS MURPHY

Murphys Gesetz Nr. 1 lautet:
„Alles, was schiefgehen kann, wird schiefgehen."

Murphys Gesetz Nr. 2 lautet:
„Und das zum ungünstigsten Zeitpunkt, am ungünstigsten Ort."

Ich würde ergänzen: **„Murphy war Optimist!"**

Die erste dieser Lebensweisheiten geht tatsächlich auf den amerikanischen Ingenieur Edward A. Murphy zurück, der bei einem Test für die US Air Force beobachtete: *„Wenn es mehrere Möglichkeiten gibt, eine Aufgabe zu erledigen, und eine davon in einer Katastrophe endet, wird es jemand genauso machen."* Dieses „Gesetz" wurde später in einer Pressekonferenz zitiert und erlangte so weltweit Berühmtheit.

Heute Morgen scheine ich so einen **„Murphy" gefrühstückt** zu haben. Es soll der erste entspannte und komplett freie Tag seit der langen Reise durch die Hochanden werden – und ich freue mich nach einer 6-Stunden-Weiterflug-Such-&-Buchungsaktion, ein wenig Zeit für mich, zum Spanischlernen und zum Schreiben zu haben.

Voller Energie und Tatendrang wache ich schon vor acht auf, frühstücke und will nur schnell mein Geld holen, um den Weiterflug im Reisebüro zu buchen. Ich stecke den Schlüssel ins Schloss, drehe den Schlüssel nach links. Drehe ihn weiter nach links. Drehe ihn eine komplette Runde herum. Noch eine Runde. Noch eine. Und weil's so schön war: nochmal!

Leicht genervt gehe ich zur Rezeption und sage: „Das Schloss ist kaputt." Die Frau kommt mit mir mit. Dreht den Schlüssel im Schloss um. Nochmal. Nochmal. Rüttelt. Dreht. Rüttelt. Bis sie sagt: „Das Schloss ist kaputt!" **Danke für diese großartige Neuigkeit!** Dann wird entschlossen gehandelt. Es kommt ein Angestellter mit einem Hammer und schlägt die Scheibe ein. Von einem Schlüsseldienst hat man hier scheinbar noch nichts gehört.

Hundert Scherben liegen im Zimmer. Egal – mein Portemonnaie ist wieder bei mir! Auf ins Reisebüro.

Auf dem Weg dahin will ich Geld abheben! Mein zuverlässiger Automat Nr. 1 streikt. Nr. 2 redet auch nicht mit mir. Nr. 3, bei dem ich gestern Abend noch Geld bekommen habe, lässt sich auch nicht erweichen. Nur der Abzocker-Automat (6 Dollar Gebühr!) spuckt ein paar Scheine aus. Passenderweise werde ich dort auch von einem unvorsichtigen Peruaner angespuckt, der sich seinen Rachen säubern will. Sind wir hier in China? Da ist es dann auch fast egal, dass der Flug von einem Tag auf den anderen 30 Dollar teurer ist.

Endlich, der Flug ist gebucht. Oder doch nicht? „Disculpa! Das Internet hängt – Bitte haben Sie einen Moment Geduld!" Fünf Minuten später höre ich Windows neu starten. --- Uh, ruhig einatmen, ausatmen, an etwas Schönes denken --- Doch nun sehe ich, wie das komplette Büro das letzte Stück Druckerpapier zum Ausdrucken des Tickets sucht. Mein Blutdruck steigt.

--- Einatmen ... Ausatmen ... Du bist gaaaaanz ruhig. ---

Endlich, das Ticket ist gebucht, die Bestätigung gedruckt. Meine Freude dauert genau zwei Sekunden, dann sehe ich die Passnummer. Sie ist falsch abgeschrieben. Ich hatte sie doch gerade freundlichst gebeten, die Nummer VORHER zu checken! Also, nochmal 10 Minuten Meditation im Reisebüro. Tack-tack – ich sehe die Uhr ticken und versuche, nicht auszuticken.

Ohhhmmmm ...

Endlich, zwei Stunden später lasse ich mich freudig-erwartungsvoll und koffeiniert in den Gartenstuhl fallen und beginne in die Tasten zu hauen. Ich muss schnell sein, denn mein eigenwilliger Biorhythmus wird bereits kurz vor 12 energisch Mittagessen einfordern und mein Gehirn abschalten. Nur gut, dass --- brrrr --- nun alles ---brrrrrrrr --- geklärt ist. --- Brrrr --- was zum Teufel ist das --- brrrrrr ---? Der Gärtner ist da und macht sich gerade daran, einmal mit dem Rasentrimmer den kompletten Hotelgarten, den einzig vernünftigen Schreibort in der Nähe, auf Vordermann zu bringen. Juhhuu! Gut, dass sich meine Freundin am Nachbartisch zum Skypen verabredet hat und jetzt lautstark den Rasentrimmer übertönt. Damit wird es wenigstens beim Schreiben nicht langweilig.

Ich hatte mir vorgenommen, mich über nichts mehr aufzuregen. Und tatsächlich bewahre ich noch einigermaßen die Fassung. Jeder Reisende kennt solche Geschichten. Doch nach 10 Monaten on tour wünsche ich mir langsam mal wieder etwas Regelmäßigkeit, meinen Schreibtischstuhl, funktionierendes Internet oder berechenbare Störungen, z. B. in Form von DHL-Postboten, die 5 Pakete für die Nachbarn bei mir abliefern wollen. Aber es ist nur so ein Anflug: Gestern habe ich nochmals eine kleine Verlängerung der Reise beschlossen – vielleicht habe ich auch deswegen ein etwas schlechtes Gewissen.

Die Rasenmäh-Tortur ist endlich vorbei. Ich habe es voll in den Schreibflow geschafft, doch nun sehe ich meinen Akku heftig japsend blinken. Murphy, wir müssen re... *######-----------------------

Die kurioseste Toilette der Welt:

Stell dir vor, du schwebst über zwei getrennten Abteilungen eines Klos und musst genau zielen – und das gleichzeitig.

La Paz

OHNE GELD UM DIE WELT?

Peru und Bolivien waren toll. Allerdings hatte ich mir erhofft, das nach den relativ teurern Reisezielen wie Australien, Neuseeland, Tahiti, Osterinseln und Brasilien mein Sparschwein etwas zu schonen. Peru und Bolivien sind die ärmsten und eigentlich günstigsten Reiseländer in Südamerika. Leider ging die Kalkulation nicht ganz auf, denn überall dort, wo es was zu sehen gibt und Touristen das merken, wird kräftig und weit über dem ortsüblichen Lohnniveau zur Kasse gebeten. Dennoch will ich mich nicht beschweren, sondern auf eine Frage eingehen, die mir Leute immer wieder zu meiner Reise stellen. In Fakt, es ist immer die erste Frage die kommt, und ich kann sie nicht mehr hören! Sie lautet:

„Was kostet es?“

Die Frage ist in meinen Augen vollkommen falsch gestellt! Sie sollte eher lauten: Was bringt es dir? Warum schauen Leute immer sofort auf das vermeintliche Hindernis? Keiner, kein Einziger fragt zu Beginn (wenn überhaupt):

Was war dein tollstes Erlebnis?
Was hast du gelernt?

Finanzielle Hürden sind überbewertet. Hoffnungslos unterbewertet sind hingegen die Chancen; das Veränderungspotenzial; das, was du aus einer Reise herausholen kannst! Und das alles ist unbezahlbar. Ich habe einen älteren Bruder, der sich einmal privat einen 6-Wochen-Auslandsaufenthalt in Los-Angeles gegönnt hat. Skeptisch fragte ich ihn, was das gekostet hätte. Er sagte damals: „2.500 Euro.“ Auf den ersten Blick teuer, doch letztendlich war es billig. Denn er hatte so viel Spaß und hat so viel gelernt, dass er gerne auch das Doppelte bezahlt hätte.

Ganz ehrlich: Ohne Geld kommt niemand außer Michael Wigge um die Welt. Klar, auch mein Budget war angespannt. Einige Backpacker-Ratgeber meinen, dass du mit 30 bis 50 Euro pro Tag schon gut zurechtkommst. In vielen (asiatischen) Reiseländern kann man dafür schon luxuriös leben. Ich habe das Budget aber nicht halten können, da ich überwiegend Einzelzimmer statt Schlafsaalbetten gebucht habe und kein Around-the-World-Ticket (ich wollte flexibel bleiben). Dafür habe ich im Schnitt ca. 5 bis 10 Stunden in der Woche gearbeitet, um mir diesen Luxus zu finanzieren.

Am Ende hätte ich mir von dem Geld, das ich ausgegeben habe, auch einen gut ausgestatteten Kleinwagen leisten können. Doch wenn ich mir anschaue, was ich stattdessen erlebt, gesehen, gestaunt, geflucht, verwunden, geschmeckt, gehofft, gebangt, gewonnen, abgeworfen, gelernt, erfahren, gelacht, versucht, gemeistert, bestiegen, entdeckt, gefeiert, gefunden, begriffen, empfunden, überwunden habe, **fahre ich lieber bis zu meinem Lebensende Fahrrad!**

Es kommt nicht darauf an, wer du bist und was du verdienst. Es gibt mindestens 100 Wege, Geld vor, während, mit oder nach einer Reise zu verdienen. Angefangen von Mars Madness aus Potsdam/Melbourne, der sich als Straßenmusikant durchschlägt, bis zu einem Motorrad-Biker namens „Blade", der seit 2,5 Jahren durch Südamerika tourt und zwischendurch immer mal für 1 bis 2 Monate in seine Heimat Kanada fliegt, um dort seine Reisekasse mit Rasenmähen aufzufüllen.

Glaub mir, Geld ist nicht das Problem.** Deine inneren und äußeren Skeptiker sind viel schlimmer!

** Falls du etwas Hilfe brauchst: Es gibt mindestens 374 Möglichkeiten, auf einer Reise Geld zu verdienen. Einige der besten habe ich im E-Book „99 Wege, vor, während, mit und nach einer Reise Geld zu verdienen" zusammengestellt. >> martinkrengel.com.

12 absolut todernst gemeinte Wege,
GELD AUF REISEN ZU VERDIENEN ODER ZU SPAREN

Ein günstiges Restaurant wählen

statt ins SPA mal im Wasserfall baden

dein Mittagessen selbst fangen

ein Geschäft aufmachen

als Museumswärter (oder Kunstobjekt) arbeiten

als Fitnesstrainer eine gute Figur machen

als Straßenmusiker Vorbeilaufende erfreuen …

oder gleich mit einer Rockband um die Welt ziehen

als Prophet prophezeien

eine Galaxie erobern

auf dem Bau Staub schnuppern

… oder als Reise-schriftsteller arbeiten.

New York

Berlin

London

TIEF IM WESTEN

Ich wollte mir in New York einen Traum erfüllen. Der Aufenthalt tief im Epizentrum unserer westlichen Welt, war als Landebahn gedacht, um mich wieder an unsere schnelllebige Welt im Geschwindigkeitsrausch zu gewöhnen. Doch zum Ende der Reise werde ich überraschend aus der Bahn geworfen.

NEW YORK

Was macht der Wurm im Big Apple?

Im Flugzeug sind die Menschen doppelt so voluminös wie in den letzten Wochen. Das perfekt gesprochene Englisch mutet komisch an. Und ist ein wenig einschüchternd. In den letzten Monaten war ich es, der über zusätzliches Wissen, einen internationalen Geheimcode namens Englisch, verfügte. Nun fühle ich mich etwas unterlegen.

Zwischenlandung in Houston, Texas: Kostenlose Wasserspender an jeder Ecke, auf dem Familienklo kann man Tampons kaufen. Am Flughafen stehen Automaten, an denen man keine Snacks, sondern Elektronik, Fotoapparate, Kopfhörer und gar iPads für zwischendurch kaufen kann. **„Mami, ich zieh mir mal schnell ein iPad am Automaten! Soll ich dir eins mitbringen?“**

Wenn man ein halbes Jahr in Lateinamerika war, ist der Weg in die USA ein Kulturschock.

Es blinkt und glitzert. Glitzert und blinkt. Ich meine nicht die endlose Duty-Free-Meile, sondern die Wände, die Decke und den Fußboden. Würde mir hier ein Stück Pizza runterfallen, ich würde nicht zögern, es aufzuheben und weiter zu essen. Hier ist es **auf dem Fußboden sauberer als auf 90 Prozent der Tische, von denen ich in den letzten Monaten gegessen habe.**

Willkommen zurück in der Ersten Welt.

Ich bin ein wenig traurig, als ich realisiere, **wie einfach und unbeschwert mein Dasein in den letzten Monaten war.** Bald nun werden sie sich wie-

der in mein Leben schleichen: die vielen Verlockungen. Sie werden um meine Aufmerksamkeit buhlen, meine Gedanken stören, weil sie ständige Entscheidungen erfordern. Schon der kleine Buchladen am Flughafen ist überfüllt mit Bestsellern und anderen „Musst-du-unbedingt-lesen"-Optionen. Wir haben plötzlich nicht mehr ein, sondern 15 Frauenmagazine zur Auswahl. Passenderweise sagt meine Freundin: „Für mich ist da nichts dabei." Wir kaufen keins. Vor 4 Wochen war sie überglücklich über eine spanische Cosmopolitan, die sie zumindest zum Sprachenlernen verwenden konnte.

IF I CAN MAKE IT THERE ...

Der letzte Monat in New York ist als Landebahn gedacht, um mich wieder für unsere hektische, multioptionale Welt zu resozialisieren. Langsam wieder Tempo aufnehmen und meinen geistigen Prozessor hochfahren.

New York ist noch mehr als Rio eine Stadt, die man kennt, ohne je da gewesen zu sein: Broadway, Börse, „How I met your mother" while having „Sex in the city". Wenn man an Wolkenkratzer denkt, denkt man an New York. Medien, Banken, Turbokapitalismus, Mode, Musik, Theater und Lifestyle – für all das steht dieser Nabel der (westlichen) Welt. New York ist ein „Einmal hin – alles drin"-Megapaket. Kein Wunder, dass die Stadt nicht nur ein beliebtes Reiseziel ist, sondern dass viele davon träumen, hier

Fuß zu fassen. Wer hat nicht schonmal zumindest eine Sekunde lang daran gedacht, hier zu studieren oder zu arbeiten? Und so wollte ich wissen, wie es ist, in New York zu leben. **Was ist dran an diesem Traum?**

Bevor ich diese Frage beantworten kann, müssen wir aber erstmal in New York ankommen. Das ist gar nicht einfach. Ich denke an die berühmte New-York-Hymne von Frank Sinatra:

„If I can make it there
I'll make it anywhere
It's up to you
New York, New York"

Sorry Frank, leider falsch! Heutzutage müsste dein Text lauten:

„Dear US-Grenzbeamter,
it's up to you,
if I will make it to there!
Please, please, PLEASE let me in!"

Man braucht Geduld und Humor, um in die USA einreisen zu dürfen. Viele Fragen auf dem Einreiseformular klingen nach „Verstehen Sie Spaß?":

- Ich bringe keine landwirtschaftlichen Erzeugnisse wie Früchte, Samen etc. mit. – **„Nein. Ich bin Backpacker, kein Landwirt."**
- Ich bringe nicht über 10.000 Dollar ins Land. – **„Schön wär's!"**
- Ich plane keinen terroristischen Anschlag. – **„Heute eher nicht."**

Die Drahtzieher hinter 9/11 haben ihr Ziel übererfüllt: nationale Verunsicherung. Trotz fortgeschrittener „Weltreisefrisur" werde ich mit meiner Freundin dennoch ins Land der ehemals großen Freiheit gelassen, in dem man sich heute nur noch unter Kamerabeobachtung bewegen kann.

Noch schwieriger als das Ankommen ist allerdings das Unterkommen ...

HOMELESS

„I want to wake up in that city
That doesn't sleep."

„SHUT UP, Frank!" Für uns heißt es gerade:

„I want to sleep in a city that doesn't have any rooms to stay."

Wir sind auf der Suche nach einer Bleibe. Es gibt nur noch ein einziges Minus-2-Sterne-Hostel knapp unter 100 Dollar – und die Bewertungen sind nicht vielversprechend:

„Ich fühlte mich unwohl und unsicher.
In einem Zimmer schrie eine Frau mehrere Male,
dass sie gerade ermordet wird!"

„Die Polizei war zweimal da in dieser Nacht."

„Ich war in einem „nur für Frauen"-Bereich und es liefen dort trotzdem irgendwelche Männer herum, die in die Duschen sehen konnten."

„Schlimmste Erfahrung, die ich je hatte."

Wohl gemerkt: Wir sprechen nicht von den Slums, sondern von einem Hostel in Brooklyn!

Die Alternative ist „Airbnb" (eine private Wohnungsbörse). Doch meine Zimmeranfrage wurde bereits 5-mal abgelehnt. Sind zwei Leute zu viel? Bleiben wir nicht lang genug, damit es sich lohnt? Sehe ich auf meinem Profilfoto aus wie Dieter Bohlen?

Couchsurfing? Nicht mein Ding. Ich habe während der Reise einige Freunde besucht. Das war cool. Aber Bittsteller bei Fremden zu sein, finde ich nicht so prickelnd. Und zu zweit in einer Stadt, in die alle wollen, wäre

es sehr schwierig, irgendwo kostenlos unterzuschlüpfen. Ich kenne das aus London: Als ich an der Themse studierte, hatte ich plötzlich doppelt so viele Freunde wie zuvor. Einmal bekam ich stolze vier Anfragen in einer Woche für meinen 9-qm-Palast mit Panorama-Blick aufs indische Asylantenheim! Nerv! Wie soll ich jemanden beherbergen, wenn ich nicht mal Platz für meine Liebste habe? War die Gute zu Besuch, fühlten wir uns in dem 80-cm-Luxusbett (Modell: „Holzbrett Comfort") wie zwei Walfische in der Sardinenbüchse. Diese „Wohnqualität" genoss ich in London fast ein Jahr. Damals war ich Student und es war okay. **Heute besitze ich Menschenwürde**. Deswegen verabschiede ich mich von meinem Budget und buche eine etwas teurere Option bei Airbnb, die nicht in Alaska, sondern tatsächlich in New York liegt.

Auf geht´s! Weil wir einige Lama-Pullis zu viel im Gepäck haben, mieten wir ein Taxi. Wir nähern uns dem Ziel. Aber es scheint, als sei der Fahrer falsch abgebogen: Chop Suey, billige Massagesalons, Mandelaugen. Zehn Monate nach Peking habe ich das Gefühl, ich bin wieder mitten drin: Wir sind in Chinatown gelandet, der einzig erschwinglichen Wohngegend in Manhattan.
Glück gehabt! Das Appartement ist perfekt: Uns erwarten breite Betten,

ein Schreibtisch und gutes Internet. Hier kann man es zu zweit aushalten. Also, Schwamm über den schwierigen Start. Oder um es mit Frank zu sagen:

These are little town blues
They have all melted away
I am about to make a brand new start of it
Right there in old New York

New York – halt dich fest: Wir sind da!

OPTIMISMUS IST PFLICHT

Was ich wirklich an New York mag: Die Leute sind offen und nett, sie heißen dich willkommen. **Was immer du verbockst – es gibt positives Feedback.** Ich war bei einem Rhetorik-Seminar-Abend und selbst die schlechteste Rede bekam Feedbacks wie: „very funny"; „nice try"; „not too bad, just try a little bit more, XY". Wer sein Selbstbewusstsein boosten möchte, ist hier gut aufgehoben.

Auffällig ist, dass die Leute dich ständig **anlächeln**. Das sagt viel über eine Kultur aus. In Deutschland ist es ja offiziell verboten, auf einem Passfoto zu lachen! Immerhin bekomme ich an jeder Grenzkontrolle viel Mitleid, denn ich sehe auf meinem Ausweis aus, als wäre ich gerade gemobbt, verkloppt und dann gefeuert worden.

Meine Hauptbeschäftigung ist ein **Stand-up-Comedy-Kurs**. Montag erhielt ich einen Nachrückerplatz, Dienstag ging es los und am Samstag stehe ich bereits vor 60 Leuten auf der Bühne. Auf Englisch, versteht sich. Von 0 auf 100 in fünf Tagen – Leben »fast forward«, wie ich es liebe.

Mein erster Auftritt als Stand-Up-Comedian. Ich erzähle hier, dass wir in Deutschland auf Passfotos nicht lächeln dürfen. Der Saal brüllt, aber eigentlich finde ich das gar nicht lustig.

Wir schätzen an der Stadt die unzähligen Netzwerktreffen, Musicals, Kleinkunst-Veranstaltungen und eine ganze Supersize-me-Combo-Packung an atemberaubender Architektur, einmaligen Museen und Kuriositäten. Zur persönlichen Weiterbildung machen wir einige Kurse, darunter Fotografieren, Visual Thinking und Improvisationstheater (Coursehouse.com bietet einen Über-Klick über das Angebot).

Natürlich steht auch Sightseeing auf unserer Agenda. Wow, die Stadt ist:

beeindruckend · bemerkenswert · ehrfurchtgebietend · eindrucksvoll · erstaunlich · glanzvoll · glorreich · grandios · großartig · imposant · überwältigend · erhaben · vornehm · ...

Nein! Keins der Synonyme, die mein Lexikon vorschlägt, treffen es auf den Punkt. Wenn du auf dem Rockefeller Center stehst und dir Manhattan zu Füßen liegt – wenn du mit der Fähre an der Freiheitsstatue vorbeischipperst und dabei auf die Skyline mit dem Freedom Tower blickst – wenn du im MoMA unzählige malerische Meisterwerke der Moderne aus deinem Kunstunterricht wiedererkennst –ist das unbeschreiblich, glückshormonstimulierend, fantastisch.

DIE LANGEN SCHATTEN VON MANHATTAN

These vagabond shoes
They are longing to stray
Right through the very heart of it
New York, New York

Ja Frank, wir tragen heute Vagabundenschuhe! Es gibt keine bessere Methode eine Stadt kennenzulernen, als die Füße zu bedienen. Draußen ist wunderbarer Sonnenschein – dennoch sehen wir in den zwei Stunden Stadtspaziergang gerade mal fünf Minuten die Sonne. Die tiefstehende Herbstsonne hat keine Chance gegen 300 Meter hohe Bürotürme! Im südlichen Teil des Central Parks geht sie sogar eine komplette Stunde früher unter.

Wenn man eine Weile versucht hier zu leben und den Großen Apfel nicht nur als Tourist betrachtet, sondern reinbeißt, kann dieser überraschenderweise ganz schön mehlig schmecken ...

Apropos „schmecken": Passend zu dieser Metapher heißt meine neue Diät „New York". Ich weiß nun endlich, warum man New York „Big Apple" nennt: **Du kannst dir hier nichts anderes als Äpfel leisten!** Nach zwei Wochen habe ich bereits anderthalb Kilo abgenommen.

Neben den hohen Lebenshaltungskosten ist die Trinkgeld-Kultur sehr gewöhnungsbedürftig:

- Im Restaurant: Die Bedienung ist nicht inbegriffen.
- Im Hotel: Service? Ist selbstverständlich –
  mit einem Dollar extra für jeden Handgriff.
- Du fragst einen Fremden auf der Straße nach dem Weg.
  Er antwortet: „Zweite Straße rechts.
  Trinkgeld ist nicht inbegriffen."

Wieso muss ich, wenn ich eine Service-Leistung buche, extra Service-Gebühren bezahlen? In New York ist das Trinkgeld so hoch wie nirgends sonst. Du bekommst eine Rechnung ausgedruckt und untendrunter stehen drei Optionen: 15, 18 oder 20 Prozent Trinkgeld. Na, das ist ja mal 'ne tolle Auswahl! Kreuzt du „nur" 15 Prozent an, wirst du bereits schief angeschaut. Und du weißt bei den Preisen nie, ob die Märchensteuer mit drin ist. Oft ist sie es nicht, weil sie sich von Bundesstaat zu Bundesstaat unterscheidet. Aber dann wieder doch. **Das ist kein Einkaufen. Das ist Glücksrad!**

Auch das Tempo und der strenge Takt der Stadt bedürfen etwas Training. Ich habe das Gefühl, die Stadt hat ein fest **eingebautes Zeitmanagement-System**: Bis auf einige Touri-Sachen muss man alles im Voraus buchen. Selbst die Tageskarte in der Sauna will sieben bis zehn Tage vorher reserviert sein. Zudem steht man brav Schlange. Überall. Im Restaurant, vorm Bus, im Supermarkt sowieso. Und wenn man mal einen Wartenden aus Versehen überspringt, wird man gerügt, aber pronto. (Wenigstens fühlt man sich so ein wenig deutsch-heimelig.)

Schön der Reihe nach! Eine genaue Anleitung, was man bei einer Lesung zu tun hat, wenn man ein Autogramm ergattern will.

Bei dieser guten Struktur überrascht, wie verwirrend die Stadt sein kann. Hast du dir mal die Berliner oder Münchner U-Bahn-Pläne angesehen? Wie übersichtlich alles ist? Die New Yorker Metro-Map hingegen sieht aus wie ein surreales Gemälde von Salvador Dali! Da kannst du dir ja vorstellen wie dein Stress-Level bei einem Termin am anderen Ende der Stadt oder als Berufspendler ist.

Als Schreiberling, Autor, Kreativer ist es **Teil meiner Stellenbeschreibung**, dass ich stundenlang in Cafés hocke und mich dort inspirieren lasse. Im Big Apple jedoch fühle ich mich dabei als madiges Würmchen: Du musst dich an einen Mini-Tisch quetschen. Links und rechts dicht neben deinem Ohr und deinem Ellenbogen andere Gespräche, andere Bildschirme. Dann bekommst du deinen Cappuccino, doch sobald du ihn getrunken hast, liegt die Rechnung auf dem Tisch – ohne dass du sie angefordert hast! Das heißt zu gut Deutsch: „Nun aber raus hier!" Ay! Das war gerade mal meine Startenergie! Eine Spaceshuttle-Mission ist doch auch nicht vorbei, sobald das Raumschiff einen Meter vom Boden abgehoben ist!

Hektische Business-Taktung, Schnappatmung-Preise, lange Wege, überschattig-endlose Hochhauswälder und dazu noch eine windig-eisige Novemberbrise – Wie können New Yorker mit höchst stolz erhobener Brust behaupten, sie hätten eine Top-Lebensqualität?

DIE STADT ALS LOTTOSCHEIN

Ich glaube, es liegt an den Möglichkeiten: Wenn die Urbanisierung Ausdruck der Multi-Optionsgesellschaft ist, so ist New York ihr Prototyp. In einer Stadt wie New York zählt nicht das, was ist, sondern das, was sein könnte. Jeder und alles ist in der Stadt. Das ist es, **worauf es im 21. Jahrhundert ankommt:** Zugang. Zugang zu Möglichkeiten. Es zählt die Fülle an Optionen – nicht Ruhe und Entspannung. Das „Ich-könnte-wenn-ich-wollte“ wiegt schwerer als „Ich-habe-alles-was-mich-glücklich-macht“. New York verspricht die große Freiheit. Erfolg. Glück. Ruhm. Es ist die Sehnsuchts-Projektionsfläche für Träumer, Aspiranten, Künstler, Would-be-Bienchen, Ehrgeizige, Karrieristen, Statt-Tellerwäscher-Millionär-sein-Woller. Deswegen leben viele junge Menschen hier wie Ratten in überteuerten Löchern, statt sich in einem anderen Landesteil für dasselbe Geld einen mondänen Lebensstil zu leisten. Inzwischen gibt es sogar ein Musical, das dieses Träumer-Leben parodiert. „Avenue Q“ ist ein voller Erfolg!

In Los Angeles gab es mal eine kuriose Studie: Forscher fragten zufällig ausgewählte Leute auf der Straße, wie es mit ihrem Filmprojekt voranginge? Etwa die Hälfte gab bereitwillig Auskunft – ohne sich zu wundern, woher man denn wisse, dass sie ein solches Projekt am Wickel haben. **Mit dem Leben einer Stadt erkaufen sich viele Menschen einen Lottoschein.** Es ist eine Wette, eine Hoffnung auf den großen Durchbruch. Auf die Entdeckung. Die Hauptrolle. Die zündende Idee. Den 1-Mio-$-Geschäftskontakt.

So zieht man in die Stadt und hofft auf das große Los. Und wartet. Und wartet, während man sich als Aushilfskellner über Wasser hält, auf Trinkgeld angewiesen ist und deswegen budgetknappe Backpacker schief anschaut, wenn diese kreidebleich-japsend sich „nur“ 15 Prozent Trinkgeld aus den Rippen schneiden können.

Auch wenn sich die Stadt seit Franks Zeiten geändert hat, in einer Sache lag Sinatra immerhin goldrichtig:

"I want to wake up in that city
That doesn't sleep"

Das passt, Frank: Meist wohnst du an einer Hauptstraße, über einer Bar, oder dein Fenster ist so dick wie eine Frischhaltefolie. Bei dem Lärm ist das mit dem Aufwachen morgens also gar kein Problem!

22 LUFTBALLONS UND DIE SCHULE DES LEBENS

Unser Traum, einmal in New York zu leben, ist zu Ende. **Die Probezeit ist um.** Es war schön, aber auch ziemlich stressig und sicher nicht traumhaft. New York ist cool für ein paar Tage. Klar, ich werde wiederkommen. Schon weil hier das Zentrum der US-Buchindustrie sitzt. Aber hier leben? Ernsthaft? Selbst wenn mir einer sagen würde: „Du bekommst mein Apartement, geschenkt, musst aber lebenslang hier bleiben!" Sicher: Ich würde mit mir ringen – aber am Ende ablehnen.

Auch meine Freundin ist ernüchtert. New York ist eine Traumstadt für Marketing-Menschen wie sie. So hörte sie sich etwas um und sprach mit vielen Leuten. Sie war entsetzt, wie schwierig es ist: Selbst hoch qualifizierte Leute leben 1,5 Jahre undercover in der Stadt, bis sie einen Job finden und eine Arbeitserlaubnis erhalten. Selbst wenn du einen Job hast, heißt das nicht: 86. Etage mit Ausblick auf den Central Park. Der euphorische Facebook-Post eines Freundes, der hier für einen internationalen Kosmetikkonzern arbeitet, sagt alles:

„Ich wurde befördert: Ich bekomme ein Büro mit Fenster!"

Das sind ja (t)olle Aussichten! Wohlgemerkt: Der Kollege ist keine Hilfskraft, sondern topausgebildet – von einer der besten Wirtschaftsunis! Vielleicht schafft er es, bis zur Pensionierung auf einen Fensterplatz mit Blick auf die Parkgarage vorzurücken? Drücken wir ihm die Daumen!

Ein Traum ist geplatzt. Wir sind aufgewacht. Ein Grund zum Ärgern? Nein. Das ist doch gut! Einen Traum weniger im Leben haben, heißt, einen Moment ruhiger durchatmen. Ein To-do weniger auf der Lebensliste.

In New York auf Probe zu leben, war genau richtig. Erst mal reinschnuppern, dann entscheiden. Solche „Testballons" haben mir schon oft geholfen, im modernen **Zuvielisationsmärchen der „1001 Möglichkeiten"** meinen Weg zu gehen. Mich im Reich der „Must-dos", Träume, Erwartungen, Ziele und Wünsche zurechtzufinden.

Einer meiner Berufswünsche war zum Beispiel „Journalist". Recherchieren, informieren, aufklären. Ich buchte vor dem Studium ein Medienseminar. Einen Tag lang durfte ich zur Leipziger Volkszeitung und war entsetzt: So gehetzt, kurzatmig und unkreativ hatte ich mir die journalistische Arbeit nicht vorgestellt. Ich wollte etwas Dauerhaftes schaffen und nicht meine Gedanken in eine vorgegebene Zeichenzahl quetschen – um dann in letzter Minute einer Eilmeldung zu weichen. Ein Tag, ein Berufswunsch weniger. Und ein bisschen mehr Licht auf meinem Weg.

Andere **Testballons** flogen länger. In meinen ersten Semesterferien fuhr ich nach Florenz, weil ich mit meinem Ökonomiestudium nicht glücklich war. Ich belegte einen Kurs im Aktzeichnen. Vielleicht wäre was Künstlerisch-Kreatives besser für mich? Die täglichen Übungen und Gespräche mit Künstlern zeigten mir: Zeichnen macht unheimlich Spaß – solange man nicht davon leben muss. Wieder eine Option weniger.

In Los Angeles, wo ich aus Neugier einen Schauspielkurs belegt hatte, lernte ich, dass zum Schauspielern mehr gehört, als in die Kamera zu grinsen, dafür einen Haufen Kohle abzusahnen und in jedem Arm ein höschenloses Groupie zu haben. Ich finde den Job recht langweilig. Repetitives Arbeiten, viel Auswendiglernen und Sich-wiederholt-in-unbequeme-Situationen-begeben. Sollte mich jemand fragen, ob ich mit Brad Pitt tauschen will, ich würde dankend ablehnen. (Oder höchstens für einen Tag zusagen, um einmal an Angelina Jolie rumfummeln zu dürfen …)

Nun wollte ich noch einmal gründlich über mein Leben nachdenken. Klären, ob das, was ich tue, auch wirklich das ist, was ich machen will. Insgeheim hatte ich vor der Reise befürchtet, ich würde einen kompletten Sinneswandel vollziehen, und vielleicht als Nonne zurückkehren. Aber nein: Um anzukommen, wo ich jetzt bin, haben mir die diversen Trippelschritte und Testballons sehr geholfen: Marktforschung für einen Möbeldesigner, strategisches Marketing in der Telekommunikationsbranche, eine gescheiterte Gastro-Gründung, geschniegelter Unternehmensberater bei der Boston Consulting Group, dann ein tiefer Einblick in die Forschungslandschaft als Doktorand, die Gründung eines eigenen Verlags, die vielen Seminare und Vorträge als Referent. Dazu meine „Neben"-Jobs: Trainer im Turnverein, Skilehrer in Österreich, meine Zeichen-, Schauspiel- und Stand-up-Comedy-Kurse. All das hat mir gezeigt: Ich WILL Autor sein. Jetzt. Hier. Für immer. Ich will als Infopreneur Menschen helfen, sich zu strukturieren, produktiver zu arbeiten und sich ihre Träume zu erfüllen. **Ich habe mich gefunden. Nicht durchs Verbeißen in einen Weg, sondern durch das Jonglieren mit den Optionen.**

Durch diese Erfahrungen kann ich protzig eine neue Lebensweisheit in die Welt posaunen:

Oft ist es einfacher herauszufinden, was man NICHT will, als sich 100-prozentig auf eine Sache festlegen zu können.

Es ist sehr schwer seine „Bestimmung" zu finden – das, was man unbedingt möchte –, aber es lässt sich schnell und leicht herausfinden, was man NICHT will.

MEZ
2014

SICH TRAUEN STATT TRÄUMEN!

Vielleicht ist das die Antwort auf eine der wichtigsten Herausforderungen unserer Zeit: das Entscheiden. Viele suchen Jahre, Jahrzehnte, manche sogar ein Leben lang verkrampft nach ihrer Bestimmung. Aber wie willst du die finden, wenn du nur darüber nachdenkst, und deinen Traum nicht einfach mal probierst? **Wie willst du dich festlegen, wenn dir die Informationen, Einblicke, Erfahrungen, Erlebnisse fehlen?** Zu schnell verstrickt man sich im Wenn-und-Aber. Wägt ab, kalkuliert. Erträumt – erhofft – erfindet perfekte Jobs, Partner, Studiengänge, Wohnungen, Lebensorte, Produkte, Entscheidungen!

Man sucht gern nach der perfekten Option – und hat ein schlechtes Gewissen, wenn man nicht weiß, was einen total glücklich macht. In einer Welt, in der man vom McDonalds-Burgerwender zum Bodybuilding-Champion, Multimillionär und Governor werden kann, scheint es keine Grenzen zu geben. Jeder kann alles packen, wenn er nur die richtigen Mittel und Wege findet. „Du kannst alles, wenn du nur willst." „Finde den Job, der dich glücklich macht." Die Parolen der Motivations-Gurus klingen nach Selbstverwirklichung und grenzenloser Zufriedenheit. **Wollen wir das nicht alle? Die Erfüllung? Den Glücksbringer-Job?** Das Problem ist nur: Oft gibt es nicht den EINEN Job, der einen zu 120 Prozent glücklich machen würde. Sondern oft sind es viele Möglichkeiten, die uns zu 70 bis 90 Prozent zufrieden stellen würden.

Kommt dir das bekannt vor?
Die überzogenen Erwartungen lassen grüßen!

Und du? Das betrifft dich natürlich gaaaaannnnz überhaupt nicht. Oder bist du doch etwa ein kleiner Grübel-König?! Ein talentierter Zauder-Zauberer? Ein Prototyp von einem „Sich-hin-und-wieder-im-Wenn-und-Aber-Verstricker"? **Mensch, schalt bitte mal deinen Kopf für eine Sekunde aus!** Schau stattdessen, was dein Herz dir sagt: Welche Option fühlt sich gut an? Was würde dir am meisten Spaß machen?

Trau dich!

Ist eine solch **emotionale Fährte** gefunden, kannst du Kopf und Logik wieder anknipsen. Was sind deine Schritte um zum Ziel zu kommen? Wie kannst du mehr Infos und Erfahrungen sammeln, um herauszufinden, ob der Traum wirklich so toll oder doch oll ist?

Mach doch!

Wenn du deine Wünsche mit konkreten Maßnahmen testest, stellt sich meist schon bald eine Tendenz heraus:

- Fangen die Augen an zu leuchten? Schlägt das Herz schneller? Du saugst dich fest, willst mehr? Die Sache gibt dir Energie? Heiße Fährte!

- ... oder fühlt es sich nach harter Arbeit ohne Herzblut an? Sind die ersten Schritte schon so nervig und qualvoll wie das Anfertigen der Steuererklärung?

Dann würde ich lieber erst mal andere Ideen testen.

Zur Verstärkung möchte ich dir ein Bild mitgeben: Stell dir vor, du hast wie bei Nena 99 Luftballons, gefüllt mit Träumen und Wünschen. Oder sagen wir 22. Das ist realistischer. Du hältst alle in der Hand, doch es sind zu viele. Sie ziehen dich in die Luft, in eine Options-Traumwolke, in der du dich schnell im „Wenn-hätte-Aber" verlierst. Du musst einen Fuß auf den Boden kriegen. Die Luftballons anpiksen und sehen, ob ein Traum zerplatzt, weil er nur heiße Luft war.

Erst die zielgerichtete Auseinandersetzung mit einem Studienwunsch, einem Job, einem Lebensort oder mit einem „Was-auch-immer" gibt dir ein Gefühl dafür, ob ihr – du und dein Traum – wirklich zueinander passt. Vor dem Studium habe ich beispielsweise ein Mini-Studium gemacht und eine Woche lang parallel Wirtschaft und Jura an der Uni meines Bruders studiert, um mich für ein Fach entscheiden zu können. Für einen Job helfen oft schon zwei, drei gute Gespräche auf einer Party oder einer Jobmesse, um eine Firma oder Karriere näher ins Auge zu fassen oder für immer von der „Könnt-was-sein-Liste" zu streichen.

Auch vor einer Reise kann man zaudern, zögern, hadern. Sehr gut sogar! Deswegen würde ich das Reisen üben (... so blöd es auch klingt.) Statt eine 2-Jahres-Weltreise in Excel auf den Tag genau durchzukalkulieren und dann am Ende vor lauter offenen Fragen doch wieder nur einen Pauschalurlaub zu buchen, könnte es eine Idee sein, den Rucksack auf den Rücken zu schnallen und einfach loszufahren. Nein, ich meine nicht so grünäugig und unbedarft wie ich damals durch ein Reiseschwierigkeits-Level-10-Land wie China zu reisen. Schlauer wäre ein leichtes Einstiegsland, wo man Englisch versteht oder es eine gute Backpackerinfrastruktur gibt. Dort lassen sich im watteumhüllten „Kulturschock light" wichtige Erfahrungen sammeln. Danach weißt du, worauf du beim nächsten Mal mehr achten wirst, was du übersehen hast, was du falsch gepackt hast. Wie es sich anfühlt, unterwegs zu sein. Erfahrungen sammeln mit Geld, Gepäck, Unsicherheit. Das ist Training für deinen **Nomaden-Muskel.**

Wage den ersten Schritt, egal ob es der richtige ist. Er wird dich vielleicht nicht sofort näher zu deinem Ziel bringen, aber dir helfen, zu sehen, welches der zweite Schritt ist. Denk dran: Der Start ist das Ziel. Nicht das Zaudern.

H&M

LONDON

Neblige Konfusion

London ist mein **Airbag**. Ich brauche Transferzeit. Ein drei tägiger Stop-Over ist mein Puffer zwischen der Reise und meinem Zuhause.

Ich liebe London. Ich arbeitete, studierte, lebte hier. Ich weiß: Londons Wetter ist viel besser als sein Ruf. Dennoch habe ich stereotypisches Nebel-Novemberwetter erwischt. Die Themse ist grau, die Luft und die Häuser sind grau, der Himmel ist grau. Sogar die Menschen wirken grau. Man kann das Wasser, die Häuser und den Himmel kaum voneinander unterscheiden. **In der Tat spiegelt das Londoner Wetter gerade meinen Gemütszustand.** Mein Herz ist schwer. Ich denke nach. Über mich. Meine Reise. Meine Zukunft.

375° - EIN GEDANKENGEWITTER

Ich notiere, was ich mitnehmen werde von dieser Reise. Das ist weit mehr, als eine überfüllte Festplatte mit 35.000 Fotos. Es sind unterschiedlichste Dinge und Einsichten:

- Man fliegt einmal um die Welt und kommt wieder dort an, wo man aufgebrochen ist. Doch es gibt kein Zurück! Die Welt misst nicht 360°, wenn du einmal rundherum gereist bist. Es sind mindestens **375°**! Du hast dich weiter entwickelt. Der Ort ist gleich geblieben, die Persönlichkeit hat sich verändert. Du bist weiter gekommen. Mit deinem Leben, deinen Gedanken. Deinen Zielen.

Klar, es ist unbequem, oft unangenehm rauszugehen, loszuziehen. Man ist auf sich gestellt. Doch es ist etwas anderes, eine Sache nur zu sehen, oder auch zu erleben, zu erfühlen. Mit Haut und Haaren drinzustecken. Die **Bauchschmerzen** zu spüren, das moorige Gefühl in der Lunge, wenn du nicht weißt, wo du am Abend schlafen wirst. Das ist Leben pur! Du bist mittendrin, statt nur dabei.

Haben wir endlich losgelassen, fühlt sich das wie der freie Fall an: unheimlich, ungewohnt, ultraschnell – aber auch sehr aufregend und lebendig.

Lebe ein Leben, das sich von innen betrachtet gut anfühlt, nicht eines, das nur von außen betrachtet schmuck erscheint.

Allein Reisen rockt! Nirgends bist du flexibler. Nichts bewegt, fordert dich mehr. Nirgends gelangst du schneller an deine Grenzen.

Man verliert bei so einer langen Reise leicht die zeitliche Orientierung – teilweise wusste ich nicht auf Anhieb, welcher Tag oder gar welcher Monat ist. Das ist das Schöne am individuellen Reisen ohne fixes Ende: Du kannst **jeden Tag neu entscheiden**, ob du gehst oder bleibst. Ob du aufstehst oder dich nochmal drehst. Ob es dich nach Norden, Süden, Osten, Westen, nach oben oder unten zieht. Das ist mein Juwel, meine Essenz des Reisens: Nicht zu wissen, wie der Tag beginnen und wie er enden wird.

Du merkst, dass du zu schnell unterwegs bist, wenn du in der Mitte der Straße fährst, weil du nicht mehr weißt, ob hier Links- oder Rechtsverkehr herrscht.

Unsere Welt ist riesig. Ich nahm mir ein ganzes Jahr Zeit, sie mir anzusehen. Und habe doch nur einen Bruchteil gesehen.

- Je schneller und beherzter du deine Träume und Wünsche testest, desto schneller weißt du, ob sie wirklich traumhaft sind. Oder ein Alptraum.

Einiges hat sich geändert – aber natürlich bist du kein vollkommen neuer Mensch nach einem Jahr: Ich bin immer noch aufgeregt, wenn ich mir zu viele Dinge vornehme. Ich bin immer noch etwas gestresst, wenn ich zu viele Sachen organisieren muss. **Ein Gehirn ist eben ein Gehirn.** Doch:

- Mir macht es inzwischen nichts mehr aus, wenn ich am Morgen aufwache und noch nicht weiß, wie ich in eine 300 Kilometer entfernte Stadt komme und wo ich dort abends schlafen werde.
- Ich kontrolliere nicht mehr ständig beim Reisen, ob mein Pass da ist.
- Ich rechne mein Budget nicht mehr nach, denn ich weiß: Ich werde es ohnehin überziehen.
- **Ich bin ruhiger geworden.**
- Ich habe gelernt, schneller und öfter „Nein" zu sagen und nur die wirklich notwendigen Dinge zu tun.
- Die Reise half mir, loszulassen. Mehr als jede Meditation. Ich habe jahrelang Seminare für Studenten gegeben. Nun mache ich das nicht mehr. Es war ein Relikt aus dem Beginn meiner Autorentätigkeit, doch sehr anstrengend. Die Seminare waren fast alle weit entfernt, blockierten meine Wochenenden und waren nicht gerade üppig entlohnt. Diese Reise half mir ungemein, mich auf das zu konzentrieren, was mir wirklich Spaß macht: Schreiben.

Wow. Ich realisiere, wie viel sich in dem einen Jahr verändert hat. Ohne Krampf, ohne Ziel. Es passieren Dinge dennoch nebenbei im Kopf. Reisen bewegt. Nicht nur deinen Körper. Reisen bewegt vor allem deinen Geist!

GEORGETOWN
PARAMARIBO
BRIDGETOWN
TRINIDAD AND TOBAGO
VENEZUELA
BOGOTA
AMAZON R.
MANAUS
BELEM
FORTALEZA
RECIFE
SALVADOR
IQUITOS
EIRUNEPE
SOUTH
AMERICA
BRAZIL
BRASILIA
BOLIVIA
CUZCO
CAMPO GRANDE
ATLANTIC OCEAN

BERLIN

Noch bin ich wieder da

Da.

Grau und grau. Niesel. Dunkelheit.

Die Straßen wirken vertraut, einige neue Läden sehe ich, zwei, drei Restaurants haben ihre Besitzer gewechselt.

Unwirklichkeit. Ich fühle mich durcheinander, wie dieses sperrige Wort. Un-wirk-lich-keit. Das Wort ist irreal, nicht greifbar. Es schmerzt im Ohr. Man kann nicht genau begreifen, worum es sich genau handelt. Es ist alles, nur nicht das, was da ist. So fühle ich mich. Wie dieses Wort: Unwirklich. Es ist real, dass ich hier bin, aber ich bin es nicht.

Mein Kopf ist durcheinander, meine Gedanken hängen in Südamerika, haben New York noch nicht verdaut.

Bossa Nova im Ohr. Die ruhige brasilianische Musik ist mein Trost in dieser allzu vertrauten, nun surrealen Welt.

Ich packe meinen Koffer aus, als wäre es ein Bestattungsritual. Alles einzeln angefasst, zu viele Erinnerungen hängen an jedem Wäschestück, als dass man es einfach so in die Waschmaschine stecken könnte.

Ich will eigentlich nur so dasitzen und stur geradeaus starren. Zwei Tage lang. Einfach nur in meiner leeren Wohnung hocken. Vor mich hindösen. Setzen lassen. Ankommen.

VERSTECKSPIEL – DER TAG DANACH

Die Wohnung. Leer. Sauber. Übersichtlich. Wie schön! Wie ein neues Hotelzimmer. Alle Dinge, die mir sonst Zeit und Aufmerksamkeit klauen, sind noch im Keller versteckt. In sicherer Entfernung, fünf Etagen unter mir. Nur **ein 60 Zentimeter hoher Postberg bereitet mir etwas Unbehagen.**

Ich sollte nach einem Jahr Reisen eigentlich in meinem Bett einschlummern wie ein Baby – stattdessen liege ich hellwach in der Kiste, tausend Gedanken schießen mir durch den Kopf. Sie drehen sich um Hunderte Dinge, die nun zu organisieren wären.

Meine Augen füllen sich mit Wasser, wenn ich an die energetischen Kolumbianer denke, an die Leichtigkeit der Australier, die freundlichen Gesichter Fijis. Ich kann noch nicht sagen, ob es die Orte sind, die mich beeindruckt haben, oder die Menschen, die mein Herz erwärmt haben.

Meine 10.000-Lux-Tageslichtlampe muss meine Laune unterstützen. Doch sie ist ein Witz gegenüber der geballten Sonnenenergie, die meine Augenstäbchen gespeichert haben.

Ich bestelle einen Saft, einen Cappuccino und ein frisches Mett-Brötchen. Die Bedienung: 4,60 Euro – hä? Ich laufe rot an, denke, sie hat sich verrechnet. In New York hätte ich dafür 12 Dollar bezahlt. Nur langsam realisiere ich: **Ich bin wieder zuhause.**

Ich poste nichts auf Facebook, erzähle nur wenigen Leuten von meiner Rückkehr. Will noch ein paar Tage undercover sein. Nicht schon wieder Verpflichtungen haben. Ich versuche, zwischen Fernweh, Jetlag und Novemberwetter wieder meinen Platz in meiner „neuen, alten" Welt zu finden.

STAND DIE ZEIT STILL?

Es fehlt ein ganzes Jahr in meinem Lebenslauf – aber mir fehlt es an nichts. Ich habe nicht das Gefühl, dass ich etwas verpasst habe.

Ich bin im November losgefahren.
Das Wetter war: miesepetrig-diesig, rau, kalt.

Ich bin im November zurückgekommen.
Das Wetter ist: miesepetrig-diesig, rau, kalt.

Bis auf ein paar Schaufenster sieht alles noch gleich aus. Als wäre das Jahr eingefroren. Das verstärkt das unwirkliche Gefühl. Die Weltreise fühlte sich an wie „ein anderes Leben im Leben". Es ist, als hätte ich nur geträumt und bin nun aufgewacht. Aus einem langen, gigantischen Traum.

Doch dazwischen liegen 20 Länder, Abenteuer, herzzerreißende Momente, Spannung, Todesangst, Glücksgefühle, ...

Nun ist aber gut! Ich versuche mich zu sammeln ...

JETZT DURCHSTARTEN!

Ich habe meine Weltreise unternommen. Endlich. **Nun** ist der perfekte Zeitpunkt zum Loslegen. **Jetzt** ich kann durchstarten! Die Karriereleiter erstürmen. Herausfordernde Aufgaben übernehmen, spannende Deals einleiten, komplexe Projekte steuern. Die Türen stehen offen.

Aber halt, stopp mal ... will ich das?

Der bloße Gedanke, von nun an **29 Jahre** lang zu arbeiten, noch mehr Verpflichtungen einzugehen, einen Kredit zu schultern, um eine Wohnung zu kaufen – Uaaah! –, lässt die Nackenhaare senkrecht stehen.

Da ist diese Unruhe. Ein Mit-den-Hufen-Scharren. Neugier. Neugier auf neue Orte, Menschen, Lebensweisen. Neugier auf unentdeckte Seiten an mir, auf innere Grenzen, die erkundet und überschritten werden wollen.

NOCH BIN ICH WIEDER DA

Es wird nicht besser. Auch Tage danach bin ich verwirrt. Meine Ziele, Wünsche, Träume scheinen verrückt – im doppelten Sinne. Sie sind nicht mehr dort, wo sie vorher waren, sind also **ver-rückt**, aber sie erscheinen anderen Menschen wahrscheinlich ebenso verrückt, im Sinne von „unvernünftig". Denn plötzlich will ich weitermachen. Weiterreisen. Mein Kopf plant bereits den nächsten Trip, dabei bin ich noch gar nicht wieder richtig hier.

Ich habe Winter verlernt! Viele behaupten: „Ich mag alle vier Jahreszeiten." Ich glaube, das ist eine Ausrede. Ich fand den Winter immer toll – bis ich ihn nun mal weggelassen habe! Auch auf die steife Brise, die gerade im trüben Dezember um meine Nase weht, könnte ich gern verzichten.

Ach ja, Familie, Verantwortung, sesshaft werden und so. Tja, ähm. Vor der Reise dachte ich, die Tour wäre eine super Übergangsphase ins Erwachsenenleben. **Nun denke ich, dass „erwachsen werden" vollkommen überbewertet ist.**

Eine Fantasie überkommt mich: Will ich in Südamerika leben? Das wäre nicht total abwegig. Was hält mich denn? Ich könnte eine Hütte am Strand mieten, aufs Wasser schauen und glücklich sein. Eine Flamme ist entzündet. Ich muss auf einer der nächsten Reisen unbedingt herausfinden, ob ein Feuer daraus wird. Schnell, bevor Gewohnheit, Älterwerden und Pflichtgefühl den Funken im Keim ersticken!

Ich mache mir einen Plan, um mein Nervensystem zu beruhigen. Das hier wird ein „Touch & Go": Ich bleibe so lange hier, bis die wichtigsten Dinge abgearbeitet sind und dann geht es wieder los. Die Rückkehr nach Berlin – das wird kein Ankommen, sondern nur ein Zwischenstopp, eine Unterbrechung der Reise. Ein beruhigender Gedanke! Dementsprechend veranstalte ich eine **„Noch-bin-ich-wieder-da"-Party.** Eine Ankommens- und Abschiedsparty gleichermaßen. Ich sage „Hallo" zu meinen Freunden und gleichzeitig „Tschüss".

Mir erscheint es nun merkwürdig, ein ganzes Jahr lang an ein und demselben Ort zu verbringen.

IST DAS ENDE EIN NEUER ANFANG?

Ich dachte vor meiner Reise, ich sollte danach endlich mal Geld verdienen. Inzwischen habe ich gemerkt, dass ich dafür nicht in Deutschland sein muss. Auch verabschiede ich mich von dem Gedanken, ich müsste jetzt viel Geld scheffeln, um mir ein tolles Appartement leisten zu können. Nun erscheint mir Eigentum eher hinderlich und **beinklotzig** – ich will mir lieber unterwegs schöne Zimmer leisten können und flexibel bleiben, als all mein Hab und Gut auf eine Karte zu setzen.

So wie den Geld-Stress lasse ich noch andere Dinge los. So auch die gefühlte Pflicht, mit einer Frau zusammen sein zu müssen, um glücklich zu sein.

Durch den Abstand zu meiner Freundin während der Reise **sind mir einige Dinge klarer geworden.** Ich sehe die Schnittmenge zwischen unseren Zukunftsvorstellungen schrumpfen. Bin unsicher. Habe Angst. Sie hat zudem ein erneutes Jobangebot in China angenommen. Ich bin konfus, kann ihr nichts versprechen, weiß nur, dass ich nicht in China leben möchte. Ich habe das Gefühl, ihr im Weg zu stehen.

Die Beziehung verbraucht im folgenden Monat fast all meine Energie. Innere und äußere Konflikte. Erwartungen. Angst. Es fühlt sich an, als würde ich gleich aus einem Flugzeug springen. Immerhin: Es ist nun nicht mehr das erste Mal. Ich weiß, wenn ich es tue, wird es erstmal sehr chaotisch, viel zu schnell und unkontrolliert sein. Aber ich habe auch gelernt, dass sich nach einer Zeit des Unwohlseins, der Turbolenz, sich der Fallschirm öffnet und ich wieder Boden unter den Füßen haben werde. Darauf kann ich nun nach der Reise vertrauen.

Normalerweise zerbrechen Beziehungen bereits während der ersten Monate einer getrennten Reise. Nicht bei uns. Unsere Beziehung war ein Traum. Ein schöner Ballon. Wir sind neun Jahre lang gemeinsam durchs Leben geschwebt. Wir waren wie Bonnie und Clyde. Hatten uns in Los Angeles kennen gelernt, sechs Jahre Fernbeziehung zwischen London und Witten, Berlin und Würzburg, Bayern und NRW, zwischen Deutschland und Indien, China und Europa überstanden.

Doch nun haben wir zu viel Erwartungsballast. Der Ballon ist zu schwer geworden – er trägt uns beide nicht mehr.

Ich lasse los.

Es tut weh, sich von Dingen und Menschen zu trennen, die man gern hat. Die man liebt.

Das war eine harte Landung in Deutschland. Der Januar muntert mich auch nicht gerade auf.

Mein Auto ist verkauft, meine Wohnung noch halbleer. Meine Untermieterin hat signalisiert, dass sie gern nochmal in mein kuscheliges Heim will. Auf der anderen Seite würde ich gern noch einmal einige Gebiete sehen, die ich in der „Eile" der Weltreise überspringen musste. Zudem will, muss ich nachdenken. Meine Lebensziele haben sich geändert. Ich habe mich geändert. Ein Gefühl beschleicht mich: **Wenn nicht jetzt, wann dann?** Ich buche ein One-Way-Ticket nach Südamerika.

Und so steht am Ende der Reise ein neuer Anfang.

MACH DOCH!

Es wird Zeit, dass du aufhörst, nur auf das Leben anderer zu schauen.
Es wird Zeit, dass du deinen eigenen Film drehst. Drücke nun selbst auf die Record-Taste deines Lebens. Start frei für deine persönlichen Rekorde!

- Ein Nachwort mit Nachdruck. -

MACH DOCH!

Traue deinen Träumen

Falls du es noch nicht gemerkt hast: Dieses Buch dreht sich zwar um meine Reise. Doch es geht um dich!

Was ist dein großer Traum? Was würdest du gern einmal tun?
Schreib es auf. Jetzt. Hier. Sofort:

Natürlich sollst du nun nicht das Buch in die Ecke werfen, deinen Job kündigen und unüberlegt handeln. Aber du kannst dennoch JETZT beginnen. Wie? Mit kleinen Schritten. Konkretisiere deine Ziele, schreibe dir eine Liste der Fragen und Informationen, die du benötigst. Notiere dir die Todos und Aufgaben, um dein Ziel zu erreichen. Der erste Schritt, den du tun kannst, ist es, dir ein paar einfache Fragen zu stellen:

Wann ist der beste Zeitpunkt um diese Träume zu erfüllen?

Welche Informationen brauchst du?

Denk dran: **Ein großer Traum beginnt mit kleinen Schritten.** Bevor ich auf Weltreise ging, habe ich viele kleinere und kürzere Reisen unternommen. Bevor du ein Unternehmen mit einer Million Jahresumsatz gründest, wäre es mitunter hilfreich, mit einer Webseite zu starten. Bevor du ein Buch schreibst, könnte es nicht schaden, ein paar Artikel zu bloggen und aus den Reaktionen zu lernen.

Ein großer Traum muss nicht überwältigend sein. **Je kleiner, je undramatischer du ihn anpackst, desto leichter ist er umzusetzen.** Also statt 12 Monate erstmal nur 3 Monate reisen. Oder du fährst nur ein paar Wochen in das eine Land, das du wirklich er-leben willst.

- Ich kenne zwei Programmierer aus Berlin, die regelmäßig sehr kostengünstig in Thailand überwintern und von dort aus ihre Projekte abarbeiten.

- Oder du reis(s)t nur kurzfristig aus. Ein Appartement in Malle ist zur Nebensaison extrem günstig zu haben, oder du machst ein kleines Work & Travel mit Freunden. Ihr mietet Euch eine Wohnung über Airbnb, NightSwap oder Ähnliches, und dann kann es auf die Gedankenreise gehen.

Du hast noch den Kopf voller Fragen und „Abers"? Du hast einen Freund? Nimm ihn mit. Ein kleines Kind? Na perfekt, dann los! Es gibt Mittel und Möglichkeiten:

- Freunde reisten zwei Monate durch Kalifornien mit dem Wohnmobil und mit einem zwei Monate alten Säugling, denn „der schläft eh den ganzen Tag".

- Mein Bruder tourt jedes Jahr in den Sommerferien mit seiner Frau und vier (!) Kindern in einem VW-Bus durch ganz Europa. Es ist nicht viel Platz darin. **Die beiden Kleinsten müssen übereinander in einer Reihe Platz finden.** Ist das komfortabel? Sicher nicht. Haben sie alle einen Mordsspaß? Aber hallo!

- In Brasilien habe ich ein Schweizer Pärchen mit einem sechs Monate alten Kind getroffen. Sie genoss den Strand, er die Wellen zum Surfen.

- Anna und Thomas Alboth haben schon zwei laaaange Reisen mit Kindern übernommen und bloggen darüber. Sehr insprierend! >> thefamilywithoutborders.com

Nach diesen Anregungen: **Wie kannst du deine Träume so verändern, verkleinern, kombinieren, antesten, dass sie Platz in deinem Leben haben?** (Am besten innerhalb der nächsten 1 bis 3 Jahre.)

Ja, aber ...

Was sind deine Bedenken? Schreibe sie auf und versuche ein bis drei Gegenargumente zu finden. Findest du keine, sprich mit Freunden und gern auch mit Unbekannten darüber (weil die nicht voreingenommen sind).

Nochmals zur Verstärkung: **Was sind 3 konkrete, kleinere nächste Schritte, die dich näher in Richtung deiner großen Träume und Ziele bringen können?** (Mit wem willst du drüber sprechen, welche Bücher lesen, welche Dinge noch einmal tiefer durchdenken oder konkretisieren?)

MACH DOCH!

Nun gibt es nichts mehr zu sagen. Du bist dran, den nächsten Schritt zu gehen. Denk dran: Der Start ist das Ziel.

Also: Leg los! Jetzt. Hier. Sofort!

Freu dich darauf, was das mit dir macht. Oder frei nach Deichkind:

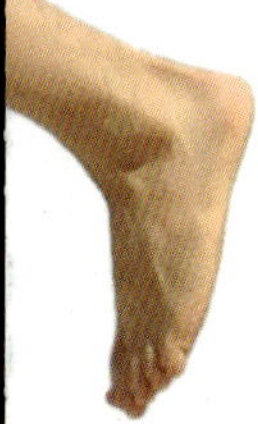

BEWEG DEIN' ARSCH,

BON VOYAGE!

WEITERE KURIOSE ABENTEUER, TIPPS & TRICKS

Möchtest du mich auf meinen weiteren Abenteuern als digitaler Nomade begleiten und zudem ganz konkrete Tipps & Techniken für strukturiertes Denken, für mehr Motivation, Konzentration und ein perfektes Zeitmanagement erhalten?

... dann aboniere am besten jetzt gleich mein „Brain Update".
Wie? Schreib einfach eine Mail an: Martin@studienstrategie.de.
Betreff: **„Ich bin dabei!".**

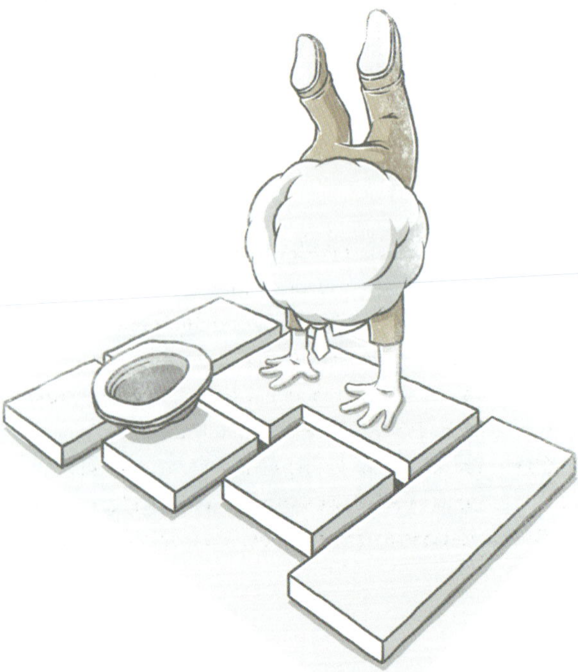

SHARING IS CARING!

Ich habe das Buch für alle Reise-Glühwürmchen geschrieben, für Menschen, die sich mehr Freiheit wünschen, Leute, die das Abenteuer lockt. Und für alle, denen es schwerfällt loszulassen und loszulegen. Wenn dich dieses Buch inspiriert hat, dann **lass uns in Kontakt bleiben**!

- Der beste Weg dazu, ist über mein **„Brain Update“** – mein Newsletter mit Tipps und Tricks zum Zeitmanagement, strukturiertem Denken, Lernen, Motivation und Konzentration sowie Insider-Einblick in mein Leben als Autor, Unternehmer und digitaler Nomade (siehe links).

- ... klar, du findest mich auch auf Facebook und Youtube unter **„Martin Krengel“.**

- Und noch eine Bitte: Feedback ist des Autoren Lohn! Ich würde mich sehr über eine kurze Rezension zum Buch auf **Amazon** freuen. Welche Story hat dich bewegt, was erheitert? Oder schreibe mir unter: **Martin@Studienstrategie.de**.

MERCI!

Eine Reise ist ein auf und ab von 145.643 Schritten. Das Schreiben eines Buches ist ebenso eine Achterbahnfahrt: **emotional bewegend, körperlich fordernd und eine geistige Challenge.** Dabei haben mich hervorragend unterstützt, mitgearbeitet, lektoriert, Händchen gehalten: Johanna Braun, Kai Gondlach, Nikola Aehle, Anja Urbschat, Annuschka Haak, Stefanie Röfke, Felix Hartman, Sabine Frick, Claudia Schmidt, Brigitte Krengel, Volker Krengel, Madeleine Heiland, Markus Winzer sowie Ilona Demler und Maria-Lena Matysik. Und ach ja - ähm - sorry wenn ich DICH vergessen habe ... Verprügel mich einfach bei Gelegenheit, okay?

WIE DU DEINE TRÄUME VERWIRKLICHST

Manchmal fällt es schwer, durchzustarten. Deswegen habe ich u.a. folgende Bücher geschrieben:

Golden Rules. Eine gute Selbstorganisation ist die Grundlage für all deine Ziele. Dieses Buch fasst die 50 wichtigsten Tipps und Tricks für ein perfektes Zeitmanagement, Motivation und Konzentration zusammen. Ein unentbehrliches Handbuch, das in keinem Bücherregal fehlen sollte.

Bestnote. Lerne besser einzuschätzen, was in einer Prüfung rankommt und dich strategisch darauf vorzubereiten. Reduziere Prüfungsangst und verdoppele deine Erinnerungsleistung! Lerne u.a. wie du dir z.B. 10 (japanische) Vokabeln in nur 3 Minuten einprägen kannst.

Customer Navigation. Dieses Buch erklärt tiefgründig das, was ich im Neuseeland-Kapitel angedeutet habe: Warum zu viele Optionen den Geist und Entscheidungen lähmen. Es verrät allen, die etwas mit Marketing, Verkauf oder Webseiten zu tun haben, wie sie Ihre Angebote klar und strukturiert vermitteln, so dass Kunden sich schnell und sicher entscheiden können.

Strategisches Lesen (E-Book). Möchtest du mein nächstes Buch in der Hälfte der Zeit lesen? Oder endlich diesen blöden Fachtext tiefgründig verstehen? Dann lade dir diese Insider-Tipps von www.studienstrategie.de herunter.

Diese und weitere Bücher findest du unter:

www.martinkrengel.com/publikationen/

COOLE DEUTSCHE REISEBLOGGER

Conni Biesalski: planetbackpack.de | Mit Rucksack, Zen & Laptop auf Reisen.

Sebastian Canaves: travelworklive.de & off-the-path.com
Reise mehr, arbeite weniger und lebe besser!".

Felicia Hargarten: travelicia.de | Motivation, Tipps und Checklisten.

Anna + Thomas Alboth: thefamilywithoutborders.com
Eine Familie auf Reisen, Tipps für Routen, Elternzeitreisende und Traumerfüller.

Patrick Hundt: 101places.de | Backpacker Reisen.

Anja Beckmann: travelontoast.de | Fernreisen, den Sonnenzielen Europas und Städtereisen.

Johannes Klaus: reisedepeschen.de | Reisegeschichten von verschiedenen Reisebloggern.

Angelika Schwaff: ichweisswo.blogspot.de
Echte Reiseerlebnisse und Tipps für den schönsten Urlaub.

Yvonne Zagermann: justtravelous.com | Tipps, Lifestyle, eigene Story und Reiseberichte.

Marianna Hillmer: weltenbummlermag.de | Reisen macht glücklich & darüber lesen auch.

Christof Karrasch: vonunterwegs.com | In 10 Tagen um die Welt.

Heike Kaufhold: koeln-format.de | Städtereisen mit Kindern und außergewöhnliche Roadtrips

Carina Stöwe: travelrunplay.de | Der Blog für sportliche Reisende.

Christian Hubo: feel4nature.com | Tauchen, Trekking, Reisen und Natur & dabei Geld verdienen.

Ute Kranz: bravebird.de | Ute zeigt wie die Welt ihr Zuhause geworden ist.

Elke Weiler: meerblog.de | Berichte aus 13 Jahren Reisejournalismus

Jörg Pasemann: breitengrad53.de | Reisen und Lifestyle.

Nicole Biarnés: freibeuter-reisen.org | Lustige und nachdenkliche Geschichten von unterwegs.

Christine Neder: lilies-diary.com | Reisen, Mode und Menschen.

Carina Herrmann: pinkcompass.de | Frauen Reiseblog.

Dennis Fink: lookinforjonny.com | Reisen um die Welt und viele nützliche Tipps für Backpacker.

Diverse Autoren: teilzeitreisender.de | Reisetipps für Berufstätige und Kurzreisende.

Martin Krengel

STOPPT DIE WELT – ICH WILL AUSSTEIGEN!

Kuriose Abenteuer einer Weltreise. (Arschtritt inklusive)

Eazybookz Travel, 1. Auflage, Berlin, Oktober 2015

Bibliografische Information der Deutschen Bibliothek: Die Deutsche Bibliothek verzeichnet diese Publikation in der Deutschen Nationalbibliografie; detaillierte bibliografische Daten sind im Internet über http://dnb.de abrufbar.

Eazybookz Travel ist ein Imprint des Eazybookz-Verlages

Eazybookz UG (haftungsbeschränkt)
Weststraße 13; D-01979 Lauchhammer
Kontakt: Kontakt@Eazybookz.de

Designed in Berlin. Printed in Slovakia.
Umschlaggestaltung und Kapiteltrenner: Nikola Aehle, Johanna Braun
Layout und Satz: Nikola Aehle (www.galopp.co), Johanna Braun
Titelfoto und Fotos im Text: Martin Krengel (S. 101: fotolia.de)
Grafiken und Skizzen: Martin Krengel, Nikola Aehle, Johanna Braun, Robert Zirk
Herstellung: Alphaprint, Martin (SK)
ISBN: 978-3-941193-22-2

Eazybookz TRAVEL